敎會音樂發達史

朱正植 著

교회음악

머리말

음악은 언어와 함께 고대로부터 있었다고 상상할 수 있다. 인류가 세상에 생겨난 그 당시의 음악을 오늘날 우리들이 정확하게 알 수 없지만 언어가 생기면서 음악도 생긴 것이 아닌가 생각된다. 음악이라고 해도 오늘날 현대인들이 생각하는 것과는 다른, 대개 여러 가지의 높고 낮은 음을 아무 조직도 없이 그들 마음대로 짜서 맞춘 것이라고 생각된다.

그후 오랜 세월이 흘러 언어와 문자가 생겨서 구약시대에 히브리 사람들은 하나님을 시편만으로 찬양했고 초대 교회 때는 그리스도를 믿는 사람들이 예배드릴 때나 혹은 모든 모임에서 찬송가를 불렀다.

어느 종교에 있어서도 비록 형식은 다르지만 반드시 노래를 부르는데, 특히 기독교의 경우에 있어서는 유대교

시대부터 말씀을 주로 하는 예배에 있어서 하나의 중요한 요소로서 발달되어 왔다. 그리하며, 기독교의 음악은 어느 다른 종교보다 정신적으로나 예술적으로 크게 발달하였다. 사실상 오늘날의 서양음악은 근세에 이르러서 세속음악이 교회음악과 분리되기까지는 교회음악과 함께 성장해 왔기 때문이다.

이리하여 "찬송가란 무엇인가"라는 물음에 대한 정의가 오래 전부터 논의되어 왔는데 여기에서는 성어거스틴의 정의를 소개하려고 한다.

> 찬송가는 노래로서 하나님을 찬양하는 것이다. 찬송가는 하나님을 찬양하는 찬송을 표현하는 노래이다. 찬송가라고 해도 하나님을 찬양하는 것이 아니면 찬송가가 아니다. 아무리 하나님을 찬양하는 찬송가라고 해도 노래로 부르지 않으면 찬송가가 아니다. 그러므로 찬송가가 되기 위해서는 다음과 같은 세 가지의 요소가 있어야 한다. 1), 찬양 2), 하나님을 찬양하는 찬송 3), 입으로 불러야 한다.

이상과 같은 어거스틴의 찬송가에 대한 정의는 올바른 것이다. 물론 어거스틴의 정의(定義)는 예배드릴 때 부르는 찬송가에 대한 정의이다. 그러나 오늘날 우리들이 사용하고 있는 찬송가집이나 성가집을 보면 반드시 하나님을 찬양하는 찬송가가 아닌 것들이 많이 있다는 것을 찾아볼 수 있다. 어거스틴에 의하면 찬송가로서 부적당한 것,

다시 말하면 하나님을 직접적으로 찬양하지 않는 것(물론 그리스도와 성령을 찬양하는 찬송가는 하나님과 동격으로 인정한다)이 있거나 혹은 전도를 위한 복음성가나 개인적인 종교 감정을 노래한 것이 적지않다.

그러나 이러한 찬송가들이 실제로 찬송가집에 수록되어 많은 교회와 교인들이 활동하는 데 있어서 없어서는 안 될 지경에 이르렀으므로 오늘날에는 어거스틴이 찬송가를 정의한 것보다 좀더 넓은 의미로 해석하게 되었다.

따라서 찬송가는 문학적으로는 종교적인 감정을 노래하는 서정시이고 또한 노래부르는 것으로 오랜 시대와 서로 다른 나라에 의해서 창작되었다. 그리하여 찬송가는 신학, 문학, 음악이라는 세 가지 요소로 이루어진 것이라고 할 수 있다. 또한 찬송가는 하나님이 계시하신 성서를 통해서 하신 말씀과 그 "말씀"을 중심으로 하는 교회의 전승과 예수를 믿는 시인들과 복음을 통해서 신앙을 체험한 사람들이 창출한 것이다.

차 례

머리말

1. 시편과 신약성서의 찬송가 ················· 11
  1. 시편 – 찬송가의 근원 / 13
  2. 신약 시대의 찬송가 / 15
     1) 초대교회의 찬송가 / 1
     2) 하나님을 향한 찬송가
     3) 그리스도를 향한 찬송가
  3. 교부 시대의 찬송가 / 20
  4. 동방교회 찬송가 / 24

2. 고대 – 중세의 라틴어 찬송가 ·············· 29
  1. 라틴어 찬송가의 시작 / 31
     1) 기독교의 공인과 교리 논쟁
     2) 초기 라틴어 성가
  2. 단선율 성가의 발달과 예배형식과의 관계 / 37
     1) 암브로시안 성가
     2) 그레고리안 성가

3. 카톨릭교회의 예배의식과 정신 / 42
      1) 교회력
      2) 미사
      3) 성가합창의 발달
   4. 후기 라틴어 찬송가 / 50

3. 독일 찬송가 ··· 53
   1. 15세기 독일찬송가와 루터 / 56
   2. 루터 이후 시대부터 16세기 말까지 / 58
   3. 초기의 코랄 / 59
   4. 30년 전쟁 시대의 찬송가 / 61
   5. 경건주의 찬송가 / 63
   6. 후기 독일 코랄 / 65
   7. 모라비아 찬송가 / 67
   8. 18세기 후반 이후의 독일 찬송가 / 68

4. 칼빈과 시편가 ··· 71
   1. 시편가의 발달과 전파 / 77
   2. 제네바 시편가 / 78

5. 영국 시편가 시대와 18세기 찬송가 ················ 81
   1. 영어의 시편가 시대 / 83
   2. 영국의 종교개혁 / 83
   3. 영어로 된 제네바 시편가 / 85
   4. 시편가 시대의 배경 / 86
   5. 스코틀란드의 시편가 / 87
   6. 16~17세기의 영국 / 88

7. 영국의 캐롤과 청교도 / 89
  8. 시편가 시대의 창작 찬송가 / 90
     1) 신역 시편가집
     2) 영국 찬송가
  9. 18세기의 영국 찬송가 / 95
 10. 인간이 만든 찬송가 / 101
 11. 다윗의 모방시 / 102
     1) 웨슬레 형제의 찬송가와 감리교 신앙운동
 12. 웨슬레 시대의 찬송가 작가들 / 108
 13. 뉴톤과 쿠퍼 / 112

6. 19세기 영국 찬송가 ················· 115
  1. 19세기 전반기의 영국 찬송가 / 118
  2. 옥스포드운동과 찬송가 / 123
  3. 빅토리아조 시대의 찬송가 / 127
  4. 빅토리아조 시대의 미국교회파 찬송가 / 139
  5. 19세기 영국 찬송가 작가들 / 143
  6. 20세기 전반기의 영국 찬송가 / 150

7. 미국 찬송가 ······························ 157
  1. 필그림 파더즈와 시편가 / 160
  2. 시편가 부르기의 쇠퇴와 노래학교 / 163
  3. 미국 초창기 찬송가 / 166
  4. 각국의 이민과 찬송가 / 167
     1) 야영집회 노래
     2) 흑인 영가
  5. 19세기 전반기의 미국 찬송가 / 172

6. 19세기 후반기의 미국 찬송가 / 179
   1) 유니테리안 찬송가 작가들
   2) 미국의 복음성가

8. 한국 찬송가 ·· 185
   1. 초기 찬송가 / 187
      1) 중국 찬송가
      2) 영·미 찬송가
      3) 한국 찬송가
   2. 최초의 찬송가 / 189
      1) 찬미가 (감리교)
      2) 찬양가 (장로교)
      3) 찬미가 (감리교)
      4) 찬성시 (장로교)
   3. 장·감 연합 찬송가 / 191

참고문헌 ·· 195

1

시편과 신약성서의 찬송가

1
시편과 신약성서의 찬송가

1. 시편—찬송가의 근원

　기독교 찬송가의 근원은 두말할 것도 없이 유대교의 찬송가이다. 유대교의 성전(聖典)인 구약성서에는 여러 가지 형태의 찬송가가 수록되어 있고 또한 예배음악의 연주법과 성가대 편성에 관한 많은 기록을 찾아 볼 수 있다.

　시편이 오늘날의 형태로 이루어진 것은 이스라엘 민족이 바벨론 포로 시대 이후의 것으로 생각된다. 따라서 150 편이나 되는 이 시(찬송가라고 말할 수 있다)는 예루살렘 성전에서 예배드릴 수 없게 된 후에 유대교 신자들이 각처로 흩어져서 예배드리기 위하여 회당에서 사용하려고 편집한 것이다.

마틴 루터(M. Luther)가 "성서의 축도"라고 말한 대로 현재의 시편은 세 부분으로 되어 있는데 그 형식은 다음과 같다. 1) 예루살렘 성전에서 예배드릴 때 부른 찬송가 2) 특별한 축제 때 부른 찬송가 3) 개인적인 종교시.
　이와 같이 시편의 내용은 여러 가지 형태이지만 어쨌든 유대교의 하나님, 다시 말하면 의(義)의 하나님 개념이 표면에 나타나서 그 중심과 주제는 절대자 여호와를 믿는 신뢰와 찬양으로 여호와 앞에서 인간이 죄를 뉘우치고 회개하는 노래이다. 이리하여 후세에도 찬송가의 주제로서 반복하여 부르게 된 것이 찬송가의 근원으로서 시편의 위치를 굳힌 것이다.
　그러나 각 시편이 기록된 연대는 다르다. 시편은 전통적으로 대개 "다윗의 시편"이라고 하는데 각 시편에는 분명히 "아삽의 시", "솔로몬의 시", "모세의 시" 등으로 표시되어 있다. 시편이 기록된 당시에는 악보가 없었으므로 구전(口傳)에 의하여 전승된 것이라고 보는 것이 틀림없을 것이다. 동시에 시편은 실제로 예배드릴 때 노래한 것으로 시편 가운데는 그 구성면에 있어서 응답 형식으로 된 것이 확실하다. 다시 말하면, 성가대가 둘로 갈라져서 부르는 교창, 혹은 선창자와 성가대의 응답이라고 하는 복잡한 가창 형식도 있었다. 지휘자를 따라 "백합" 가락에 맞추어 부르는 고라 후손의 시 "사랑의 노래"(시 45)나, 성가대 지휘자를 따라 "새벽 암사슴" 가락으로 부르는 다윗의 노래(시 52) 등은 그 시편을 부르기 위해서 붙인 곡명(曲名)이라고 생각된다.

구약 시대에 유대교의 음악이 어떤 형식이었는지는 오늘날 우리들이 정확하게 알 수 없지만 오늘날 이란(옛 바벨론)이나 예멘(아라비아 반도 남서부) 등지에 있던 유대인 사회 가운데는 고대 유대교 음악이 변형되지 않고 그대로 남아 있는 것을 알 수 있으므로 이러한 사실을 조사해 본 결과 중세 이후의 로마 카톨릭교회의 그레고리안 성가의 선율과 고대 유대교 성가의 근원이라는 것을 알 수 있다.

이리하여 시편은 신약 시대에 있어서 유대인 사회의 모든 회당(예배소)에서 예배드릴 때 불렀다. 이러한 사실을 뒷받침해 주는 것은 예수님이 최후의 만찬을 마치고 "찬송을 부른 후에 감람산을 향하여 올라가셨다"는 복음서의 기사에서 알 수 있드시 이것도 역시 시편을 노래했다고 생각된다.

그리하여 초대교회나 혹은 동방정교회나 카톨릭교회나 근세의 개신교에서 부르는 찬송가는 오랜 시대를 거쳐서 히브리어로 된 시편이 각 나라 말로 번역되어 불려지게 된 것이다.

2. 신약 시대의 찬송가

1세기에서 2세기에 이르는 초기 기독교에서는 어떤 형태의 찬송가가 불려졌는지를 신약성서에서 살펴보기로 하겠다.

예수님이 십자가에 달려 돌아가신 후에 동방의 각 지방

교회에서는 성서 가운데 있는 시편이나 하나님을 찬양하는 노래, 또한 신앙을 고백하는 노래를 불렀다. 그런데 이러한 노래들은 팔레스틴 지방에서 전해내려오는 것으로 교창 형식이었음이 틀림없다. 그런데 악기는 전혀 사용하지 않고 노래도 향락적인 것이 아니라 낭송(朗誦) 같은 것이었다. 성 세실리아(St. Cecillia)는 음악을 위한 성녀로서 오늘날도 로마 카톨릭교회에서는 숭배하고 있으며, 그녀는 로마의 귀족 가문 출신으로 3세기에 순교했는데 그녀가 처음으로 악기를 성악(聖樂)으로 사용했다고 전해지고 있다. 그러나 확실한 증거가 없으므로 초기 기독교음악은 오직 노래만 불렀다는 것이 타당하다.

  기독교가 4세기에 로마의 국교가 되어 그 세력을 확장하였으나 로마 제국이 동·서로 분립되어 각각 그 수도인 콘스탄틴노플과 로마 교회가 서로 그 우위를 지키며, 특히 로마 교회는 카톨릭이라는 교의를 확립하여 실권자를 교황이라고 이름을 붙였다. 한편, 유럽에는 야인들이 살았으나 4세기부터 6세기에 걸쳐서 많은 민족들의 대이동이 있어서 각지에 새로운 나라가 형성되었다. 로마 교회는 서로마 제국이 멸망한 후에 이탈리아 전토를 정치적 권력으로 다스렸을 뿐만 아니라 북방의 모든 민족에게도 포교(布敎)하여 국가 이상의 권력을 장악하기에 이르렀다. 로마 교회의식에서 꼭 필요했던 음악은 로마 교회의 세력이 확대되면서 더욱 중요하게 되었다.

  374년에 밀라노의 주교였던 암브로시우스(Ambrosius)는 동방 각지의 성가를 수집 연구하여 운율적인 합창과 시편을 낭송하기 위한 교창 방법을 새로 도입하여 그레고리안 성가 가운데서 정격 제4선법과 같은 것을 만들었다고 전해지고 있다. 그러나 암브로시우스의 이러한 작업은 밀라노의 교회와 그 세력 아래에 있는 모든 교회를 위한 것이였을 뿐 로마에서는 사용하지 않았다. 그러므로 "암브로시안 성가"라는 이름은 알아도 그대로 남아 있는 것은 없다. 그러나 근래에 이르러 "암브로시안 성가"가 수록된 디스크나 카세트 테이프가 시중에 나와 있다.

  복음서를 보면 예수님과 관계된 찬송가 기사 가운데 최후의 만찬을 마치시고 "이에 저희가 찬미하고 감람산으로 나아가니라"(마 26 : 30 ; 막 14 : 26)라는 내용이 있다. 이때 부른 노래가 어떤 것이었는지에 대하여 대부분의 학자들은 시편 113-118편에 있는 "할렐루야의 시편"을 불렀을 것이라고 의견을 같이 하고 있다. 최후의 만찬이 유대교의 유월절을 기념하기 위한 식사와 관계가 있다면 그 당시에 각 가정에서 시편 113-118편 가운데서 음식을 먹기 전에 불렀을 것이라고 추측된다.

  우리가 신약성서에서 예수님의 행적을 살펴보면 그 당시에는 유대교 회당을 중심으로 하여 찬송가를 불렀다는 사실을 부인할 수 없다.

1) 초대교회와 찬송가

  사도행전을 읽어보면 사도들을 중심으로 한 초대교회 교인들의 생활상이 잘 묘사되어 있다.

> 날마다 마음을 같이 하여 성전에 모이기를 힘쓰고 집에서 떡을 떼며 기쁨과 순전한 마음으로 음식을 먹고 하나님을 찬양하며 또 온 백성에게 칭송을 받으니 주께서 구원받는 사람을 날마다 더 하게 하시니라(행 2:46-47).

그러면 신약 시대에는 교회에서 "찬송가를 어떤 때에" 불렀는가에 관해서는 사도행전 16장 25절에 잘 묘사되어 있다.

> 밤중쯤 되어 바울과 실라가 기도하고 하나님을 찬미하매 죄수들이 듣더라

이 기사는 바울이 실라와 함께 두번째 전도 여행을 하다가 빌립보에서 옥에 갇혀 있을 때의 상황을 설명하고 있다.
또한 고린도전서 14장 26절에서

> …너희가 모일 때에 각각 찬송시도 있으며 방언도 있으며…

라고 말하면서 "찬송하다"라는 말을 맨 먼저 강조하고 있다.
바울은 에베소교회에 보낸 편지에서도(엡 5:19)

시와 찬미와 신령한 노래들로 서로 화답하며 너희의
마음으로 주께 노래하며 찬송하며

라고 했고 그 외에 골로새서 3장 16절에서도 이와 같이 시와 찬송에 관해서 강조하고 있다.
바울은 에베소교회에 보낸 편지에서(엡 5 : 19) 다음과 같이 말한다.

시와 찬미와 신령한 노래들도 서로 화합하며 너희의
마음으로 주께 노래하며 찬송하며…

이 밖에도 골로새서 3장 16절에서도 이와 같이 시와 찬송에 관해서 강조하고 있다. 여기에서 "시"라고 말한 것은 시편을 말한 것이 확실하다. 찬송이라는 말에 해당되는 원어 라틴어의 hymnus는 초대교회 당시의 헬라 사람들이 헬라의 잡신(雜神)을 찬양하는 뜻으로 해석하여 "영의 노래"라기보다 신도들의 주관적인 신앙 체험을 노래한 것이라고 주장하는 학설도 있고, 한편으로는 시편 이외의 "영의 노래"라고 하는 것을 원시교회에서 사람들이 창작해서 부른 찬송가라고 하는 학설도 있다.

2) 하나님을 향한 찬송가

신약성서에 기록된 찬송가에 관한 기록 가운데서 하나님을 찬양하는 기록은 다음과 같다.

1. 저희가 듣고 일심으로 하나님께 소리를 높여 가로되 하늘과 땅과 바다와…(행 4 : 24-26).
2. 깊도다 하나님의 지혜와 지식의 부요함이여…(롬 11 : 33-36).
3. 찬송하리로다 그는 우리 주 예수 그리스도의 하나님이시요…(고후 1 : 3-4).
4. 찬송하리로다 하나님 곧 우리 주 예수 그리스도의 아버지께서…(엡 1 : 3-4).
5. 거룩하다 거룩하다 거룩하다 주 하나님 곧 전능하신 이여 전에도 계셨고 이제도 계시고 장차 오실 자라 (계 4 : 8).

3) 그리스도를 향한 찬송가

이상과 같이 하나님을 찬양하는 찬송가 외에도 신약성서에는 그리스도를 찬양하는 기록도 있는데 그 대표적인 예는 다음과 같다.

그는 육신으로 나타나신 바요 영으로 의롭다 하심을 입으시고 천사들에게 보이시고 만국에서 전파되시고 세상에서 믿은 바 되시고 영광 가운데 올리우셨음이니라(딤전 3 : 16).

3. 교부 시대의 찬송가

로마 제국은 초기의 기독교를 박해했기 때문에 그 당시

의 교회는 집단적으로나 혹은 개인적으로 예배드리는 것이 매우 어려웠을 뿐만 아니라 불가능하였다. 따라서 찬송가를 부른다는 것은 집단적으로나 개인적으로 불가능했다. 그후 2세기에 이르러서는 성직자와 신도들을 엄격히 구별하여 오직 성직자를 통해서만 하나님의 은혜(은총)를 받는다는 사상(생각)이 확립되어 주로 성직자가 예배를 주관하였고 더 나아가서는 음악에 관해서도 성직자들만이 중요한 역할을 했다.

이리하여 예수를 믿는 신도들은 주일이나 혹은 밤이 지나기 전에 함께 모여서 하나님과 똑같이 예수를 향하여 서로 응답식으로 찬송가를 불렀다고 한다. 그러나 유대 사람과 헬라 사람들은 챤트(chant)에 가까운 형식의 찬송가를 불렀다고 한다.

구약 시대 말기부터 신약 시대에 이르러서는 지중해 연안의 세계는 정치적으로는 로마 제국의 지배를 받았으나, 문화적으로는 확실히 헬라 문화의 지배를 받았다. 구약성서가 헬라어로 번역된 『70인 역』도 바로 이것을 증명하는 동시에 신약성서가 처음부터 헬라어로 기술된 것도 이것을 증명하는 것이다.

이와 같이 헬라어가 당시의 문화적 용어뿐만 아니라 초대교회의 용어로 쓰여졌던 것을 보아도 기독교 초기의 찬송가가 로마의 공용어인 라틴어가 아니라 헬라어로 쓰여졌다는 것은 당연한 일이다. 여기에서 당시 헬라어로 찬송가를 쓴 사람들을 소개하고자 한다.

알렉산드리아의 클레멘트(Clements Alexandrinus, 150-215)

당시의 북아프리카 수도인 알렉산드리아는 헬라문화권에 속해 있었는데 이곳은 초대 기독교신학의 중심지였다. 앞에서도 말한 『70인 역』도 이 알렉산드리아에 있던 학자들의 결실이며 기독교와 헬라철학이 이 주어진 곳도 바로 이곳이다.

성자요 변증신학자요 헬라 세계의 유대한 알렉산드리아의 클레멘트는 희랍에서 출생했으나 알렉산드리아로 옮겨와서 그곳에 있는 교리학교에 다니면서 판타이누스의 후계자로서 190년부터 203년경까지 그 학교의 교장으로 있으면서 "신학의 아버지"라고 불렸다. 클레멘트가 쓴 찬송가는 몇 편이 남아있는데 통일 찬송가 103장에 수록되어 있는 그의 찬송가는 가장 오래 된 것이다. "참 목자 우리 주"라는 제목으로 된 이 찬송가는 본래 헬라어로 된 것을 1849년에 헨리 텍스터 목사에 의해서 영어로 번역되었다.

1918년에 이집트에 있는 옥시린쿠스(Oxyrhynchus)에서 발견한 파피루스(Papyrns)에 의하면 당시의 기독교에서 사용했던 찬송가를 위한 음악을 알 수 있다. 여기에 나타난 찬송가는 알렉산드리아 학파에 속한 3세기 말의 것으로 판단되는데 그 파피루스 끝 부분에 삼위일체에 대한 송영이 붙어 있다. 이 형식은 그후에 찬송가로 변형되었음을 알 수 있다.

이처럼 예배 형식이 점점 정비되어 가는 가운데 예배를

위한 의식을 위해서 음악도 점점 발달하기 시작했다. 그런데 그 음악이라는 것은 노래라기보다 찬트(chant)의 형식을 취했는데 그 발달 과정에서 예배드릴 때 일반 회중이 함께 노래부르는 것이 심히 어려웠으므로 4세기초에 이르러서도 일반 회중은 성직자를 따라서 찬트를 부른 것으로 추측된다.

이리하여 초기 기독교에서 사용하던 헬라어는 3세기에 이르러서 점점 쇠퇴하기 시작하여 4세기초에는 로마의 황제 콘스탄티누스가 기독교를 공인함에 따라 라틴어가 헬라어를 대신하기에 이르렀다. 그후 6세기에 이르러서는 서유럽 전역에서 라틴어가 통용되어 서방교회의 의식에서나 찬송가에서도 라틴어를 사용하게 되었다.

이때에 찬송가와 교회음악에 관해서 중요한 결정이 내렸는데, 그것은 363년에 라오디기아 공의회에서 예배드릴 때 악기를 사용하거나 일반 회중이 노래부르는 것을 금지한 일이다. 왜냐하면 그 당시에 일반 회중들이 찬송가를 부를 때 박수를 치거나 혹은 타악기 같은 것을 사용하는 일이 경건하지 못하다는 데서 그렇게 결정한 것이다. 그 결과로, 일반 회중이 노래부르는 것이 금지되어 그후 약 1,100년 동안 교회에서는 특정한 성가대원들만 성가를 부르게 되었다.

이리하여 성가대가 무반주 제창(unison)으로 부르는 그레고리안 찬트(Gregorian Chant)라는 형식이 표면에 나타났다. 또한 이 라오디기아 공의회에서는 사람이 창작한 찬송가의 사용도 금지하고 오직 시편만으로 임명된 사람들만이 노래를 부르게 했다.

이러한 일로 인해서 찬송가 창작 활동이 부진했으나 라오디기와 공의회의 결정이 오래 지속되지 못했다.

4. 동방교회 찬송가

기독교의 중심지는 비교적 이른 시기에 동방(Bygantine)과 서방(Rome)의 두 지역에서 형성되었다. 이 가운데서도 비잔틴(서기 330년 이후에 Constantinople이라고 개칭되었다)을 중심으로 하여 발전한 교회가 오늘날의 동방교회인데 동구에서부터 유럽과 러시아 방면(지역)에 그 세력이 널리 퍼져 있다.

동방교회(희랍정교회의 세력이 가장 크다)는 대개 동로마제국을 그 전도 지역으로 했으나 동로마제국은 콘스탄티노플(현재의 이스탐블)을 수도로 정한 동로마 황제의 세력권을 말하는 것으로 7세기에는 희랍어를 공용어로 정하고 서유럽(서로마 제국을 중심으로 라틴어를 공용어로 한)과 점점 떨어져 나갔는데 특히 8세기에는 우상 숭배 논쟁을 일으켜서 서방교회와 갈라지기에 이르렀다.

동방교회는 서방교회와는 달리 독특하게 발전하여 신비적이고 내성적인 경향이 강하기 때문에 찬송가에도 독자적인 특색이 있지만 서방교회의 찬송가집에는 그리 많지 않고 따라서 개신교(프로테스탄트)에 생소한 감이 있다. 그러나 19세기에 영국에서는 고전적인 찬송가의 부흥이 일어나서 닐(John Mason Neale, 1818-1866)이 많은 희랍 찬송가를 영어로 번역하여 개신교 찬송가집에 점차 수록했다.

동방교회의 예배용 찬송가는 유대교의 전통과 시리아의 전통적인 영향을 받아서 무반주로 된 단선율 성가로서 크게 발달했다. 곡은 전음계적인 선율로 초기에는 시형(詩形)이 엄격하지 않은 리듬을 대개 가사의 리듬에 맞추었다.

동방교회의 찬송가는 점점 발달하여 4-5세기에 이르러서 트로페르(tropaire)라고 하는 찬송가가 형성되었는데 이것은 시편을 낭독하는 동안 부르는 짧은 기도송이었다. 그후 6세기에 이르러서 짧은 도입부에 이어서 18개 내지 30개의 트로페르를 한데 묶어서 콘타키온(kontakion)이라고 하는 긴 찬송가의 형식으로 발달하였다. 콘타키온은 각 트로페르의 첫줄 글자를 알파벳순으로 하든지, 각 트로페르의 첫 글자순으로 하든지, 찬송가의 순서로 하든지, 찬송가 작가의 순으로 하는 등 복잡하게 되었다. 콘타키온의 작가로서는 로마노스(Romanos, 6세기초)를 들 수 있는데 오늘날 남아 있는 그의 80여 편의 찬송가는 음질의 장단에 의존하지 않은 고전적인 작시법을 따르지 않고 액센트에 역점을 둔 리듬적인 작시법을 따랐다.

8세기에 이르러서 캐논(canon)이라고 하는 아주 긴 찬송가의 형식이 확립되었다. 이 캐논은 9부로 되어 있는데 각 부는 6개 내지 9개의 트로페르에 의해서 형성되어 있다. 9부로 분류되어 있는 것은 성서의 캔티클(성서 말씀에 의한 찬송가)과 관계가 있거나 혹은 제각기의 부분

가운데서 각 트로페리안(트로페르는 복수형)과 같은 시형으로 통일된 참으로 기교적인 시의 형식을 취한 것이다.

크레테의 앤드류(Andrew of Crete, 660-732)

희랍 정교회의 위대한 찬송가 작가로 시리아의 다메섹에서 태어나 15살 때 예루살렘 부근에 있는 수도원에 들어가서 생활하면서 680년에 이곳 대리 주교가 되었다. 27세 때 크레테 섬을 지배하던 황제에게 발탁되어 대주교로 임명되었다.

찬송가 면에서 볼 때, 오늘날 앤드류를 캐논의 창시자로 보는 전설이 있으나 그 사실 여부는 확실하지 않다. 그러나 적어도 현재 남아 있는 형식의 찬송가는 앤드류의 작품이 가장 오래된 것으로 그의 작품이 남아 있는데 그 가운데서도 "대 캐논"이라고 하는 장시(長詩)가 남아 있는데 이것은 음악형식에 있어서의 캐논과는 다르다는 것을 말해 둔다.

그런데 대단히 아쉬운 것은 앤드류의 작품이 현재 우리가 사용하는 통일 찬송가에는 수록되어 있지 않고 개편 찬송가에 "믿는 자여 보라(개 347)라는 제목으로 수록되어 있다.

"믿는 자여 보라"라는 앤드류의 찬송가는 마귀와 싸우는 것을 주제로 하고 있는데 닐(J.M.Neal)의 『동방교회 찬송가』에 수록되어 있으나 오늘날 찬송가 학자들의 노력에도 불구하고 이 찬송가의 희랍어 원문을 찾아 볼 수 없어서 그 결과로 최근에는 이것은 앤드류의 작품이 아니라 닐이 원작자라고 보는 경향이 있다. 그리하여 찬송가집에는 19세기의 영국 교회음악가인 다익스(John B. Dykes, 1823-1876)의 작곡에 의한 "크레테의 성 앤드류(St. Andrew of Crete)라고 하여 사용되고 있다.

다메섹의 요한(John of Damascus, 675-749)

요한은 730년경에 예루살렘 교외에 있는 수도원에 들어가서 신학을 연구하며 저작과 찬송가 창작에 그의 생애를 바치며 살다가 그의 만년에는 예루살렘에서 주교로 있었다. 앤드류와 같이 캐논 형식의 찬송가를 창작했는데 그 가운데서 "주 예수의 부활"(Come, ye faithful the strain)과 "부활하신 날"(The day of resurrection)이 있는데 전자는 황금의 캐논이라고 불린다. 이 두 개의 찬송가도 역시 통일 찬송가에는 없고 개편 찬송가에 138장과 140장에 수록되어 있다.

다음에 열거하는 사람들도 이때에 활약한 찬송가 작가들이다.

아나톨리우스(Anatolius)

스미르나의 메트로파네스(Metrophanes of Smyrna ?-910)

테옥티스투스(Theoctistus, 890?)

2
고대 – 중세의 라틴어 찬송가

2
고대 – 중세의 라틴어 찬송가

1. 라틴어 찬송가의 시작

 서방교회, 다시 말하면 로마 카톨릭교회의 찬송가는 4세기 이후에 정식으로 모든 것이 라틴어로 된 찬송가였다. 기원(紀元)을 전후로 하여 세계를 지배하던 로마 제국의 언어는 라틴어였다.
 라틴어 문학의 전성기는 기원 전 1세기로 정치가이자 철학가인 키케로(Cicero, 106–43 B.C.)나 로마의 장군이며 정치가인 시저(Caesar, 100–44 B.C.)가 남긴 작품들이 그 대표적인 예이다. 이 시기의 라틴어를 우리들은 "고전 라틴어"라고 부른다. 그러나 거기에는 헬라 문화의 영향이 뚜렷하게 남아 있었기 때문에 문예상으로는 헬라어로 사용되었고 따라서 신약성서도 헬라어로 기록되었다. 그리하여 이러한 상황은 수백년 동안 계속되어 서방교회가 공인한 라틴어역을 히에로니무스(Hieronimus, 340?-420?)가 완성한 것은 5세기였으므로 이 시대의 라틴어도 역시 그 시대 이후의 찬송가나 예배의식용으로 사용되었으나 고전적으로는 약간의 문법이나 발음상으로 틀리는 점도 있었다.

그러나 라틴어로 된 찬송가의 근원이 어디에 있는지에 관해서는 정확한 근원이 없지만 라틴어로 된 찬송가의 내용을 살펴보면 시편이나 혹은 신약성서 가운데 있는 시 등에서 초기에 영향을 받은 것이 분명하며 또한 형식면에 있어서도 로마 사람들이 섬기던 신(잡신)들을 노래하던 라틴어 찬송가의 영향을 받은 것으로 생각된다.

다음으로 중세기말까지의 서방교회의 라틴어 찬송가의 흐름을 단계적으로 살펴보겠다.

1) 기독교의 공인과 교리 논쟁

서기 313년에 로마 콘스탄틴 I세(Constantinus I, 306-337)는 이른바 "밀라노 칙령"이라는 것을 발표하여 약 250년 동안에 걸친 기독교 박해에 종지부를 찍었다. 그리하여 지금까지 비밀로 행하여 오던 예배를 공개적으로 드릴 수 있게 되었고 따라서 찬송가도 자유롭게 부를 수 있게 되었다.

이때를 기하여 로마 제국은 쇠퇴하기 시작하여 395년에는 드디어 로마 제국이 동서로 분열하여 476년에는 서로마가 멸망하였고 그후 서유럽에서는 몇 개의 왕국이 분립하였다. 이리하여 서구 역사의 주도권은 로마로부터 게르만 민족의 손으로 넘어갔다.

한편, 기독교 가운데서도 3세기부터 4세기에 걸쳐서 정통파와 아리우스파의 신학상의 논쟁으로 각처에서 두 파의 세력 타툼이 있었다. 먼저 클레멘트의 말대로 알렉산드리아의 오리게네스의 주장은 오늘날의 "사도신조"대로 그리스도는 아버지 하나님이 육체를 입고 사람이 되어 십자가에 달리시어 아버지이신 하나님과 아들이신 하나님과 성령이신 하나님은 동등한 삼위일체이신 하나님이라는 것이다.

이에 반해서 알렉산드리아의 사제인 아리우스(Arius)는 그리스도의 인생(人性)을 중시하여 그리스도는 신성에 가까운 하나님과 똑같지 않은 하나님이 창조된 것이라고 주장하여 오리게네스가 주장한 오늘날의 정통적인 생각과 대립했다.

이 두 파의 대립은 4세기 동안 계속되어 콘스탄티누스 대제는 로마 제국의 통일을 위해서 기독교의 통일을 바라고 소아시아의 니케아교회의회를 소집하여 비교적 이해하기 쉬운 아리우스파의 설에 의한 통일을 받아들이려고 했으나 그 회의의 대세는 정통파가 우세했으므로 콘스탄티누스 대제도 삼위일체설을 받아들여서 아리우스파를 추방하기에 이르렀다. 그러나 논쟁은 계속되었으나 381년에 콘스탄틴노폴리스 제2공의회에서 종지부를 찍었다.

2) 초기 라틴어 성가

이렇게 정통파와 아리우스파 사이에 논쟁이 격렬하던 시기에 아리우스파는 그들의 교의(教義)를, 찬송가를 통하여 신도들에게 전하는 데 반하여, 정통파에서는 삼일일체설을 찬송가를 통해서 신도들이 부르게 하여 그들의 정통성을 고수했다. 이러한 사실은 정통과 이단을 떠나서 찬송가를 통하여 그들의 교리를 전하려는 선전 방법으로 사용했다는 것에 불과하다. 그러나 오늘날, 아리우스파가 사용하던 찬송가는 남아 있지 않고 정통파였던 서방교회의 라틴어 찬송가만 남아 있다.

여기에서, 그 당시부터 로마 교황권이 확립될 때까지의 라틴어 찬송가 작가들을 살펴보기로 한다.

힐라리우스(Hilarius Pictoviensis, 310-367)

프랑스에서 태어난 신학자요 정통파의 교부였다. 아리우스 황제에 의해서 삼년 동안 추방되었을 때 동방교회 찬송가에 감동되어 프랑스로 귀국한 후에 라틴어 찬송가를 썼다. 오래 전부터 그가 많은 찬송가를 썼다고 믿어오던 중 19세기 말에 그가 쓴 사본이 발견되었는데 실제로는 몇 편에 지나지 않는다는 것이 확인되었다. 그의 작품은 아리우스파에 대항하는 정통파 신학을 변호하는 신학적, 추상적인 것으로 오늘날에는 그리 많이 불려지지 않는다.

아우렐리우스(Aurelius Clemens Prudentius, 348-413경)

스페인의 명문가에서 태어나 고등교육을 받고 재판관이

되어 서로마 제국의 초대 황제 호노리우스(Honorius, Flavius, 384-423)의 측근에서 일했으나 신앙 체험을 한 후에 여생을 교회를 위하여 봉사하기로 결심하고 오직 기독교 문필 활동에 전념했다. 우리 나라 통일 찬송가에는 수록되지 않았으나 그의 시집에는 "매일의 찬송"이외에 몇 편의 찬송시가 있다.

암브로시우스(Ambrosius, 339-397)

고대 로마의 갈리아 총독의 아들로 태어나 라틴 고전과 법률을 공부하여 370년에 밀라노의 집정관이 되었다. 아리우스파와 정통파 사이에 치열한 논쟁이 벌어지자 혼란 상태에 빠진 교회를 수습하기 위하여 사태 수습에 나섰다. 4세기 후반기에 서방교회에서는 목회자로서는 제일인자였으며 그의 신학적인 사상에 있어서는 철저한 삼위일체론자로 알려졌다. 그의 저서로는 다음과 같은 것이 있다. 1) De officiis ministrorum 2) De fide ad Gnatianum 3) De Spiritu Sancto.

성 어거스틴(St. Augustinus, 354-430)

암브로시우스에 의해서 감화를 받고 신앙생활을 하기 시작한 성 어거스틴은 서방교회 초기의 신학자로서 교회사에 길이 남을 그는 찬송가에도 영향을 끼친 인물이다.

청년 시절에 방탕한 생활을 하다가 어머니 모니카의 간절한 기도로 기독교로 개종하여 386년에 암브로시우스에게 세례를 받고 한때 아프리카에 머물고 있다가 395

년에 히포의 주교로 임명되어 세상을 떠날 때까지 그 직책을 맡고 있었다. 그는 고대사상을 기독교를 개혁한 대사상가로서 그의 『고백록』(Confessiones)과 『신국』(De civitate Dei)은 대표작으로 후세의 루터(M. Luther)와 칼빈 (J. Calvin)과 같은 종교개혁자들에게 큰 영향을 끼쳤다.

어거스틴은 음악에 관해서 선과 악, 성과 속에도 사용되어야 한다고 강조하여 그 당시부터 교회는 음악의 중요성을 생각하게 되어 오늘날도 음악에 대한 교회의 생각과 기본 정신을 같이 하고 있다.

그레고리우스 I세(Gregorius I, 540-604)

그레고리우스 I세는 원로원 의원의 집에서 태어나 로마시 총독과 정치상의 요직을 거쳐서 후에 수도원에 들어가서 신앙생활을 하다가 콘스탄티노폴리스의 중책을 맡고 590년에 로마 교황으로 추대되었다. 이러한 일은 예기하지 못했던 일이었지만 성직자와 수도사의 도덕적인 향상 그리고 이단을 제압한 노력이 로마 교황의 권위를 높이고 외교적으로는 당시에 매우 어려웠던 정세에 대처하여 장래를 내다보고 한편으로는 게르만족의 사이에도 교황령(敎皇領)을 확보하기에 이르렀다.

교회음악에 있어서 "그레고리안 성가"를 제정한 일이 유명하지만 찬송가 작가로서도 여덟 편의 작품을 남겼다.

오를랑의 테오덜프(Theodulph d'Orleans, ?—821)

8-9세기에 활동한 찬송가 작가인데 정치적인 이유로 처형된 오를랑의 주교였다. 그의 작품이 우리 나라 통일 찬송가 130장에 수록된 "왕되신 우리 주께"가 있다.

2. 단선율 성가의 발달과 예배형식과의 관계

그렇다면 그 당시의 찬송가는 어떤 형식의 음악이 불려졌는가? 아주 초기의 형식은 우리가 추측하기 어렵지만 고대로부터 10세기경까지는 단선율로 된 성가를 불렀다는 사실은 틀림없다. 단선율 성가라는 것은 후세에 발달한 두 개 이상의 성부가 부르는 합창음악(복선율 혹은 다선율)과는 달리 노래부르는 모든 사람이 하나의 똑같은 선율로 제창(unison)하는 성가형식이다.

초기의 기독교음악은 유대교 예배음악을 기초로 한 것으로 그 당시의 지중해 연안 세계의 문화를 지배하고 있던 헬레니즘적인 음악이 가미되어 점점 발달하여 형성된 것으로 생각된다. 그러한 사실은 최근에 이르러서 더욱 분명해졌다.

교회의 성가는 예배의식이나 의식문 등과 밀접한 관계가 있다. 고대 서방교회의 의식에서는 밀라노를 중심으로 한 암브로시우스식 의식 그리고 로마를 중으로 한 그레고리우스식 의식 등 제각기 특별한 성가가 사용되었다. 그후에, 로마의 그레고리우스식 의식과 결합되어 그레고리안 성가가 서방교회 성가의 주류를 이루어서, 다른 형식의 성가는 거의 자취를 감추고 말았다. 그러나 일부의 지역에는 남아 있는 곳도 있다고 한다.

1) 암브로시안 성가

밀라노(이탈리아의 주 이름)의 주교 암브로시우스의 이름을 기념하기 위한 이 암브로시안 성가는 그레고리안 성가가 형성되기 전까지 사용된 것으로 생각된다. 그리하여 이 형식은 카톨릭교회의 성가가 그레고리안 성가로 통일된 후에도 현재에 이르기까지 밀라노에 있는 일부 교구(카톨릭)에서는 아직도 사용하고 있다.

암브로시안 성가는 그레고리안 성가와 비교하면 단선율 성가로서 무반주 제창으로 라틴어 성가로 부르는 것이다.

2) 그레고리안 성가

앞에서 논한 "교부 시대의 찬송가"에서 대교황 그레고리우스 I세가 제정한 그레고리안 성가는 그의 이름을 빌어서 전해 내려오는 것이지만, 한 사람의 위대한 업적을 치하하는 것은 그 일부분에 관한 것이지 전적으로 그레고리우스 I세의 업적이라고 말하기는 어렵다고 오늘날의 찬송가 학자들은 말하고 있다.

최근의 학설에 의하면 그레고리안 성가가 이루어진 것은 그레고리우스보다 조금 늦은 8세기에서 9세기 사이에 이루어졌다고 하는 경향이 있다. 그런데 그레고리안 성가는 확실히 단선율 성가의 일종인 무반주 제창으로 라틴어 성가를 사용하여 교회선법이라는 음조직(조와 비슷한 것)에 기초하여 쓰여진 것이다. 로마 카톨릭교회에서는 이 그레고리안 성가의 의식을 존중하여 오랫동안 카톨릭 교회의 유일한 예배의식 성가로 인정해 왔다. 아주 오래 전의 악보를 해독하는 데는 많은 어려움이 있지만 오늘날 역사적으로 고찰해 볼 때 그레고리안 성가는 가장 오래 된 유럽음악이라는 것을 알 수 있다.

다음으로 그레고리안 성가에 관하여 살펴보겠다.

그레고리안 성가는 리듬에 있어서 근세의 음악과 같은 박자라고 하는 기계적인 반복 리듬이 없는 자유스러운 리듬으로 부르는 것이기 때문에 근세적인 음악적 사고로는 전혀 리듬감이 없는 단지 선율이 올라가고 내려가는 음악으로 밖에는 생각되지 않는다. 그리하여 이러한 음악을 칸투스 플라누스(Cantus Planus-Plain Song)라는 용어로 그레고리안 성가를 통칭할 수 있다.

확실히 그레고리안 성가에는 박자 기호가 없다고 생각하기 쉽지만 그것은 이런 종류의 성가가 서양음악의 고정적인 박자(기계적으로 반복하는 리듬 또한 강박과 약박의 교차)를 가지기 이전 시대의 것이므로 라틴어 가사와 선율의 움직임의 미묘한 결합으로 노래를 불렀다고 생각된다. 여기에서 "생각된다"라고 말한 것은 그레고리안 성가의 악보(네우마)를 해독하기가 여러 가지의 어려움이 많아서 그 전성기(9-11세기)에 어떠한 방법으로 불렸는지 오늘날도 확실하게 알 수 없다.

그레고리안 성가는 로마 카톨릭교회의 전례 성가로 무려 천년 이상의 역사를 가졌지만 중세 후기의 다성음악

시대부터 근세에 이르러 놀랍도록 많은 시대의 음악의 영향을 받았기 때문에 본래의 창법은 사실상 알 수 없게 되었다. 19세기 낭만주의 시대에는 고전부흥이 일기 시작하여 종교음악면에서는 그레고리안 성가가 다시 부흥하기 시작하였다.

교회선법에 의한 그레고리안 성가에는 오늘날의 음악과 같은 "조(調)라는 것이 없다. 그 대신 "선법"(旋法)이라는 것이 있다. 근세의 서양음악은 장조와 단조라는 두 가지의 음조직을 사용하지만 중세 때는 이러한 것을 사용하지 않고 여러 가지의 다른 음 조직에 각각 명칭과 번호를 붙여서 사용했다.

교회선법을 쉽게 설명하기 위해서 피아노나 오르간의 흰 건반만 사용해서 생각해 보겠다. 현재의 장음계는 c를 주음으로 하여 c′까지, 단음계는 a를 주음으로 하여 a′까지의 한 옥타브로 구성되어 있지만 교회선법의 여덟 개의 종류는 모두 다 각각 오늘날의 장조나 단조와는 다른 음 조직으로 구성되어 있다. 다음 도표는 교회선법을 설명한 것이다.

교회 선법

3. 카톨릭교회의 예배의식과 정신

이천년이라고 하는 긴 역사를 가지고 꾸준하게 생성발전해온 로마 카톨릭교회의 예배의식과 그 정신에 관해서 하나의 오류도 없이 개관하여 연구하는 것이 중요하다. 그리하여 하나의 종합예술로서 로마 카톨릭교회의 예전(禮典)을 문화철학적으로 고찰하는 것이 바람직하다.

최근 프로테스탄트 가운데서도 예전운동(禮典運動)이 벌어지고 있는데 그 방향은 제일차 세계대전 이후에 유럽에서 확산된 카톨릭의 예전운동과 유사한 점이 많다. 그러나 카톨릭에 있어서 최근 제이차 세계대전의 움직임은 말하자면, 그러한 방향과는 정반대의 입장이라고도 할 수 있다. 그리하여 그들 대부분은 예전운동을 표방하지 않고 있다.

이러한 사실을 좀 더 간단하게 고찰해 보면 예전운동에 있어서도 예술적으로 풍부하게 하는 방향과 간소화되는 방향이 있다. 표면적이지만 제일차 세계대전 후의 카톨릭 전례운동은 주로 전자의 방향을 따랐고 제이차대전 후에는 후자가 주도적이 되었다는 사실이다. 그리하여 본질적으로 후자의 방향이 오히려 근원적으로 프로테스탄트와 일치한 것이다.

현재, 로마 카톨릭교회의 예배의식은 오랜 역사적인 소산(所産)이므로 우리들은 그 소산을 역사적으로, 다시 말하면 현대적인 의식(意識)을 가지고 고찰하는 것이 절대적으로 필요하다. 고대교회부터 중세를 거쳐 현대에 이르는 역사적 변천을 서술한다는 것은 어렵기도 하지만 굳이 그렇게 할 필요도 없다. 오히려 현재(현대)가 어떤 상황에 놓여 있는지를 역사적, 문화적인 의식을 가지고 고찰해 보는 것이 급선무이다.

카톨릭교회를 대표하는 미사 성례(聖禮)는 오늘날 로마의 카타콤(초기 기독교도들의 피난처)이나 고대 이후의 지하 성소에서 행하였으나 아무 부자연스러운 감이 없는데 이 미사 성례는 사도 시대부터 생긴 것이라고 생각된다. 그런데 불행하게도 오늘날 카톨릭 신도들이 믿고 있는 성례는 사도 시대에서 유대한 것이 아니라는 사실이다. 물론 본질적인 것은 변하지 않았지만 그 파생적인 것 가운데는 중세 후기나 바로크 시대에서 영향을 받은 것이 많이 있다.

따라서 로마 카톨릭 성례에 있어서 음악적인 중심이 되는 그레고리안 성가처럼 성례가 종교개혁 시대에는 제일 고전적인 형식이 쇠퇴한 것은 매우 유감스러운 일이다. 그런데 이와 반대로, 오늘날 개신교의 일부에서는 로마 카톨릭에서 사용하는 성례 찬송가에 관심을 두는 일은 한편으로 로마 카톨릭 성례가 19세기말 이후에 점차 엄숙한 고전적인 형식을 다시 살려서 종교개혁 시대와는 달리 면목을 일신했기 때문이다.

여기에서 로마 카톨릭 성례의 특징은 유기적으로 성장했다는 사실이다. 그것은 기독교 시대부터 현대에 이르기까지 멈추지 않고 서서히 발전하면서 그 형식이 변하지 않았다는 사실이다. 이러한 사실은 성례에 있어서 그리고리안 성가를 생각하면 쉽게 이해할 수 있다. 따라서 라틴어를 고수하는 보편성과 세계성을 염두에 두어야 한다.

예전적으로 볼 때 제이차적인 성당 건축과 제단 그리고 제복(祭服) 등을 보면 그레고리안 성가와는 아주 다른 인상을 받게 된다. 어쨌든 오늘날 그 예전적인 예술은 고딕적인 것이 본보기로 생각되는데 실제로, 바로크 이후의 전통이 매우 강하게 영향을 기쳤다. 그러나 교회는 그러한 예술에 있어서 특정한 시대적인 양식을 별로 규제하지 않고 있다.

다시 말하면 그레고리안 성가는 로마 카톨릭교회 예전에 있어서 정식으로 사용되고 있지만 교회예전 미술에 있어서는 고딕, 로마네스크, 바로크 등 모든 예술 양식과 관련되어도 무방하다. 그리하여 실제로 근대의 교회미술이라고 하는 것은 아무 특징도 없는 인습적이고 모방적이고 타협적이라는 사실은 로마 카톨릭교회와 개신교회가 다르다는 사실을 보아도 알 수 있다.

교회의 가장 큰 사명은 두말 할 것도 없이 하나님의 말씀을 선포하여 사람들에게 전하는 것이다. 그리하여 하나님의 말씀을 받아들인 사람들을 하나님에게로 인도하는 것이다. 이러한 일이 예배, 다시 말하면 공동체질인 예배에 있어서 행해지는 것이다. 물론 예배드리는 데 있어서 주체는 교회인데 이때의 예전은 경건해야 한다. 그리하여 로마 카톨릭교회의 예전의 중심은 미사이다.

기독교는 단순한 종교가 아니라 신비이다(엡 1:9 이하 3:2; 고전 1:25; 2:7). 그러므로 기독교에 신비가 없다면 기독교의 예배는 무의미하다.

1) 교회력

4세기 니게아공회의 이전에 교회에서 매년 지키는 축제일의 종류가 한정되어 있었다. 먼저 예수님이 부활하신 것을 기념하는 매주의 예배가 있었고 그 밖에 부활하신 날과 성령이 강림하신 날을 지켰다. 그후에 크리스마스를 정하고 예수님의 생애에 관한 여러 가지 축제일을 정하는 한편 순교자나 성인들의 기념일을 추가하였다. 이리하여 일년 동안에 큰 축제일을 중심으로 하여 몇 개의 기간을 나누어서 교회의 행사나 신자들을 훈련하기 위해서 교회력을 사용하기에 이르렀다.

현재 우리가 사용하고 있는 교회력을 살펴보면 대개 다음과 같다. 먼저 교회력은 우리가 사용하고 있는 달력(月曆)과는 달리 크리스마스(12월 25일) 전에 네 번의 일요일을 정하고 그 처음 일요일을 그 기점으로 한다. 그런데 이 일요일은 11월 말부터 12월 초로 하여 다음 해 초여름의 성령강림일 전의 약 6개월 동안은 주로 예수님 생애를 기념하는 축제일로 정하는 것이다.

먼저, 크리스마스 전에 네 번의 일요일을 포함한 네 주간(週間)은 강림절(Advent)로서 예수님의 재림을 기다리는 기간이다. 12월 25일은 고정된 축제일로 하여 다음 해의 1월 1일을 예수님의 명명일(命名日)과 1월 6일까지를 크리스마스 절기가 끝난다.

부활주일은 교회력 가운데서 예수님의 부활을 기념하는

날로 기독교 교회력에서는 가장 오래 된 기념일이다. 부활절은 초여름까지 지키는데 카톨릭교회나 루터교에서는 다음 월요일을 부활일로 지킨다. 이리하여 성부·성자·성령을 순차적으로 맞이하는 교회력은 여름부터 초겨울 후반까지 이어진다. 성령강림일 다음 주일을 "삼위일체주일"로 정하여 삼위일체에 관하여 신도들에게 교육하며, 그후 반년을 주로 신도들을 위한 교육 기간으로 훈련시킨다.

2) 미사(Mass)

미사에 관한 역사나 구조를 설명하기는 대단히 어렵다. 그러나 그레고리안 성가나 찬송가와의 관계를 간단히 살펴보기로 하겠다. 미사는 로마 카톨릭교회에서 정식으로 예배의식으로, 다시 말하면 개신교에서 말하는 성찬식을 거행하는 예배의식과 같은 것으로 일정한 예배의식문에 의해서 거행하는 것이라고 말할 수 있다.

그런데 그 의식문의 순서는 시대와 각 지역에 따라서 다른 점이 있지만 그 주요한 형식은 오래 전의 밀라노식(Milan), 갈리아식(Gallican), 로마식(Roman)이 있는데 오늘날에는 로마식 미사로 예배의식을 행하는 것을 세계의 카톨릭교회에서 사용하고 있는데 여기에서는 그 요점만 살펴보기로 하겠다.

1. 입례송(Introitus)
2. 주여 긍휼히 여기소서(Kirie Eleison) — 눅 18 : 13.

3. 영광송(Gloria) — 눅 2 : 8-20.

4. 성서 봉독과 성가(Antiphona ad Graduale)

5. 사도신경(Credo) — 행 8 : 37

6. 봉헌송(Offetorium) — 마 5 : 23,24.

7. 서창(Prefacio) — 요 17 : 1-3.

8. a. 감사의 노래(Sanctus) — 마 21 : 8,9.

   b. 감사의 노래(Benedictus)

9. 주기도(Pater Nosten) 마 6 : 9-13.

10. 평화의 찬송(Agnus Dei) — 요 1 : 29.

11. 성체배령송(Antiphone ad Communioem) — 요 6 : 53 — 56

위에서 기술한 것 가운데서 2,3,5,8,10의 다섯 부분은 미사를 드릴 때 항상 사용하는 것이고 그 이외의 부분은 교회력에 의해서 특별한 절기에만 사용한다.

미사를 집행할 때 로마 카톨릭교회에서는 아주 간단하게 사제가 의식문을 낭독하는 경우가 있는데 이것을 곧 낭송 미사(Missa Lecta)라고 하며 의식문을 그레고리안 성가에 의해서 부를 때 이것을 노래 미사(Missa Cantata)라고 한다.

3) 성가합창의 발달

9세기부터 그레고리안 성가를 중심으로 한 단선율 성가 이외에 단순한 합창(2성부 이상)이 점점 발달하여 르네상스 시대에 이르러서는 그 절정을 이루는 성가합창의 기초가 되었다.

오르가눔과 데스칸트

9세기에 먼저 오르가눔(Organum)이라고 하는 합창이 생겼다. 이것은 아마 자연발생적으로 시작되었다고 생각된다. 그레고리안 성가의 제창에는 변성기(變聲期) 전의 소년과 소녀들이 어른들보다 한 옥타브(8도)가 높은 원선율에 대하여 한 옥타브 위에서 부르는 제창이다.

이때, 우연적으로나 혹은 의도적으로 두 성부가 4도 혹은 5도 음정으로 평행하게 부르기 시작했다고 생각된다. 그런데 이 4도 혹은 5도의 평행 음정은 오늘날의 감각으로 생각하면 화성이 대단히 좋지 않았던 것으로 생각되어 근세의 화성법에서는 사용하지 않는다. 그러나 우리는 때때로 음악을 중요시하지 않는 모임에서 4도 혹은 5도의 평행으로 부르는 것을 들을 때가 있다. 또한 동성(同性)이라도 음역이 높은 사람과 낮은 사람이 있는데(예를 들면 테너와 베이스) 그 차이는 약 반 옥타브(4-5도)이므로 남성이나 여성이 제창할 때 자연적으로 4도 혹은 5도의 평행 제창을 하는지 모르겠다.

곡의 시작부터 마지막까지 4도 혹은 5도의 평행 선율로 부르는 일이 9-10세기경에 불렸던 것으로 생각되는데 이러한 것을 평행 오르가눔이라고 한다.

다음으로 곡의 처음은 동음으로 시작하여 곧 4도가 5도로 평행을 이루어 곡의 마지막에는 다시 동음이 되는 형식으로 발달했다. 이것을 사진행(斜進行) 오르가눔이라고 하며 같은 음애서 4도 혹은 5도로 넓혀서 진행하는 도중에 3도나 6도의 화음을 이루는 때가 있는데 평행 오루가 눔과 같은 4도와 5도보다 오히려 듣기에 좋은 화성을 이루는 것을 알 수 있다.

이리하여 12세기에는 프랑스에서는 그레고리안 성가의 선율 위에 데스칸트라고 하는 창법을 만들었다(현대에는 소프라노 위에서 장식적인 성부를 말하기도 한다).

캐논의 발달

이리하여 9세기부터 수백년 동안 동시에 진행하는 두 개 이상의 성부를 추가하는 합창형식이 발전했으나 시기가 좀 지남에 따라 이번에는 성부가 전후로 연결되는 형식의 캐논이라고 하는 다성부 음악이 발달하기 시작했다. 이러한 것 가운데서 아주 단순한 것은 직행 캐논으로서 뒤따르는 성부가 선행 성부와 똑 같은 것이다. 예를 들면 "주여 평화를 베푸소서"(Dona nobis Pacem의 가사는 미사 때 부르는 통상적인 의식문 Agnus Dei의 마지막 구)가 그 예이다.

이후 캐논은 대단히 복잡한 형식으로 발달하여 르네상스기에 이르러 5성부(여성 3부, 남성 2부) 합창이 창작하여 "52 성부의 미사"와 같은 다중합창곡이 나타나기에 이르렀다. 그리하여 이러한 사실은 예배당(성당)의 크기와도 관계가 되어 성가대(석)를 어느 위치에 배치하느냐에 대한 문제까지 생겼다.

이리하여 예배보다 오히려 음악적인 홍미가 앞서서

찬송가로서 가장 중요한 가사를 알아듣기가 어렵다는 여론이 일어나서 여기에 반대하는 운동이 일어났는데 그것이 곧 프로테스탄트교회의 검소한 회중을 위한 제창 찬송가이다.

4. 후기 라틴어 찬송가

11세기부터 13세기 동안에는 각 지역교회에서 하루 동안의 기도 시간을 정하여 찬송가를 부르는 것이 상례였다. 한편, 그때까지의 찬송가는 주로 창조의 하나님과 삼위일체에 대한 찬송가가 중심적인 찬송가였다. 그러나 후기에 이르러서는 개인의 신앙 체험이나 종교적인 감정과 그리스도와 마리아에 대한 찬송가도 나타났다. 그리고 음악면에 있어서는 단선율 성가를 정선율로 하는 다성합창성가가 발달하기 시작하였다.

다음에 이 시기의 주요한 찬송가 작가 몇 사람을 소개하겠다.

삐에르 아벨라(Pierr Abélard, 1079-1142)

통일찬송가 301장에 수록된 "사랑의 하나님"의 작곡자인 삐에르 아벨라는 12세기 프랑스의 신학자요 철학자요 찬송가 작가로서 이름이 알려진 사람이다. 빠리의 노뜨르담 성당에서 철학과 신학을 강의하여 많은 제자들이 있었으나 여자 관계로 말썽을 일으켜 수도사가 되었다.

클레르보의 베르나르(Bernard de Clairvaux, 1091-1153)

통일찬송가 85장에 수록된 "구주를 생각만 해도"의 작사자인 베르나르는 12세기의 위대한 종교인으로서 20살 때에 베네딕트파의 치스터 수도원을 설립했다. 그는 금욕생활을 하면서 위대한 설교가로서 이노센트 II세와 아나클레투스 II세의 반목을 해결하는 데 기여했으며 한편으로 제2차 십자군의 원정을 강조한 인물이다.

클루니의 베르나르(Bernard de Cluny, ?)

앞에서 말한 사람의 이름과 같은 클루니의 베르나르는 12세기의 찬송가 작가이다. 베르나르는 프랑스의 한 작은 마을에서 10세기에 창립된 베네딕트파 수도원에서 생활했다고 알려져 있는데 11세기에 이곳을 중심으로 해서 로마 카톨릭교의 체제를 개혁하는 운동이 일어났다. 베르나르는 12세기에 이곳에서 수도사로 있을 때 "악한 세상"이라는 최후 심판을 노래한 장시(長詩)가 있는데 그 가운데 한 부분을 하늘 나라의 찬송가라고 하여 통일 찬송가 538장 "예루살렘 금성아"가 수록되어 있다.

토마스 아퀴나스(Thomas Aguinas, 1227-1274)

로마 카톨릭의 최대 학자를 알려진 아퀴나스는 찬송가 작가로서도 그 이름이 후대까지 남아 있다. 빠리 대학을 졸업하고 27세 때 교수가 되어 신학을 가르치는 한편 저술 활동에도 몰두하여 많은 저서를 남겼다. 특히 아리우스 철학을 기독교적으로 발전시켜 신앙과 이성, 다시 말하면 신학과 철학의 균형을 이루어 교회가 이 세상을 지배해야 한다고 주장한 중세의 학자이다.

3
독일 찬송가

3
독일 찬송가

현대 찬송가학자들의 말에 의하면 독일 찬송가는 10만 편 정도에 이른다고 한다. 그 가운데서도 약 1천 편의 찬송가가 불후의 고전 찬송가라고 한다. 어쨌든 그 풍부한 독일 찬송가는 어느 나라의 찬송가보다 훌륭하므로 스웨덴, 노르웨이, 덴마크를 비롯하여 영국과 미국 찬송가에 큰 영향을 미쳤다.

존 쥴리안(John Julian)은 그의 저서 *Dictionary of Hymnology*, vol. I. PP. 412-418에서 독일 찬송가의 발전 과정을 다음과 같이 구분했다.

    1. 중세기(8-16세기)

　　　　－라틴 찬송가를 기초로 한 초기－
　　2. 종교개혁 시대부터 30년 전쟁 말기(1520－1648)
　　3. 경건주의 시대(1648－1680)
　　　　－Paul Gerhard부터 Spener 시대－
　　4. 경건주의 시대와 모라비아 시대(1680－1757)
　　　　－Spener 시대부터 Gellert 시대까지－
　　5. 찬송가 개혁 시대(1757－1817)
　　6. 근대 복음주의 시대(1817－현재)

　우리가 말하는 독일 찬송가는 루터가 종교개혁을 이룩한 후에 생긴 회중 찬송가로 알고 있지만, 독일 사람들은 종교개혁 3－4세기 전부터 독일어로 된 찬송가를 불렀다. 그 예를 들면, 이미 11세기 경에 독일어로 된 찬송가에는 "Kyrie eleison"이라는 후렴이 붙은 Leise(중세 독일 찬송가)와 중세의 라틴어 찬송가 Sequene(1. 같은 멜로디가 두 번 이상 반복되는 것 2. 로마 교회음악의 악곡명) 같은 것을 독일어로 변역한 찬송가들이 있다.

I. 15세기 독일 찬송가와 루터

　1517년 10월31일에 마르틴 루터(M. Luther)는 비텐베르크시에 있는 교회 정문에 교황청에 항의하는 95개로 된 항의문을 붙인 것은 종교개혁뿐만 아니라 새로운 역사를 시작하는 사건이었는데 그것이 바로 모든 사람이 라틴어로 된 찬송가가 아니라 독일어로 된 찬송가를 부를 수 있게 한 것이다. 독일 찬송가의 시작이 다른 나라의 찬송가와 다른 것이 바로 이 점이다. 다시 말하면 영국의 헨리 Ⅷ세(Henry Ⅷ)는 로마 카톨릭교회로부터 벗어나기 위하여 영국교회를 세우고 라틴어로 된 찬송가를 부르지 않았으나 라틴어 찬송가를 대신할 만한 그들의 찬송가를 마련하지 못하고 인간들이 창작한 찬송가를 부르지 못하게 하였다. 이러한 사실은 칼빈의 영향을 받은 것으로, 오직 다윗의 시편 운율역으로 된 것만 부르게 한 것이다. 그러나 이와는 반대로 독일의 경우는 달랐다. 독일의 개혁교회는 자기 나라 말로 된 찬송가를 부르기 시작했기 때문에 그 찬송가는 바로 대중화되어 종교개혁의 정신이나 30년 전쟁의 참상과 뉘우침과 18세기 경진주의자들의 신비주의 그리고 모라비아 교도들의 해외 선교와 모든 신앙활동을 노래로서 나타낸 것이다.

이리하여 종교개혁을 단행한 루터는 모든 회중들이 쉽게 부를 수 있는 코랄(Chorale)을 탄생시켰다. 종교개혁을 단행하기 전까지는 성직자와 일정한 성가대원만 부를 수 있었던 찬송가를 신도들이 예배드릴 때 다 함께 부르게 된 것이다. 그러나 쯔빙글리(Zwingli) 같은 신학자는 코랄이 로마 카톨릭교회의 형식을 벗어나지 못했다고 하여 코랄을 부르지 못하게 했고 칼슈타트(Karlstadt)와 파렐(Farel), 그리고 부서(Bucer) 같은 사람은 교회 안에서 오르간을 사용하는 것과 단선율 성가 이외의 다선율(多旋律) 합창을 금지했으나 루터는 이 일에 굴복하지 않고 코랄을 더욱 장려했다.

그후, 루터는 시편을 번역하면서 그와 동시에 오래 전부터 전해 내려오는 민요와 비예전 찬송가들을 수집하여 개작하여 부르기도 했다.

이토록 위대한 독일 찬송가는 18세기에 요한 웨슬레가 신대륙 미국으로 건너갈 때 모라비아 교도들로부터 입수하여 번역하기 전까지는 영국에 전달되지 못했다. 그후 독일 찬송가를 영어로 번역하여 개신교의 회중들이 부르도록 한 사람 가운데는 영국 국교도인 엘리자벳 콕스(Miss Francis Elizabeth Cox)와 장로교파의 보드빅(Jane Borthwick)과 사파 휜들라터(Sara Erick Findlater)가 있는데 그들은 1854년에 *Hymns from the Land of Luther*라는 찬송가집을 발행하여 영국과 미국에서 널리 불려졌다.

2. 루터 이후 시대부터 16세기 말까지

루터가 1546년에 세상을 떠난 후 16세기 말까지는 그가 생전에 남긴 공헌으로 새로운 찬송가가 흐르는 물처럼 많이 쏟아져 나왔다. 그리하여 이 시대에 루터의 작품과 비슷한 객관적이고 성서적인 작품이 계속하여 창작되었으나 17세기에 접어들면서 그 경향이 조금씩 변화하기 시작했다.

여기에서, 이 시대의 찬송가 작가 몇 사람을 소개하면 다음과 같다.

니콜라우스 데시우스(Nicolaus Decius, 1490—1541)

루터파 초기 찬송가 작가인 니콜라우스 데시우스는 수도원장이었으나 루터의 종교개혁의 영향을 받고 개혁교회로 개종하여 목사가 된 사람이다. 그가 남긴 일반 미사 가운데는 Sanctus, Gloria, Agnus Dei와 같은 세 편의 독일어로 된 작품이 있는데 이 가운데서 두 편이 오늘날도 널리 불리고 있다.

세발트 헤이텐(Sebald Heyden, 1494-1561)

독일 개신교 목사인데 그의 작품이 그라이테르(Greitter)의 곡 가운데 실렸는데 바하는 이 곡을 『마태 수난곡』 제1부의 마지막 곡인 합창과 바하의 오르간 코랄 전주곡으로 편곡했다.

발레리우스 헤르베르게르(Valerius Herberger, 1562-1627)

루터파 교회의 목사로 폴란드에서 태어나 프랑크푸르트와 라이프니쯔 대학에서 공부한 후 고향에서 목회를 한 사람이다.

Justus Jonas(1493-1555)
Paul Eber(1511-1569)
Paul Speratus(1484-1551)

3. 초기의 코랄

종교개혁 이후에 독일을 중심으로 한 루터파 찬송가를 코랄이라고 한다. 그러나 본래의 코랄이라고 하는 것은 그레고리안 챤트를 말한 것이었는데 오늘날에는 루터교 찬송가를 의미하는 것으로 흔히 독일 코랄이라고 말한다.

초기(16세기말)의 코랄은 루터가 이상으로 삼았던 대로 회중들이 화성이 없는 단선율만 부르는 관습이 있었다. 또한 루터는 교회 성가대가 오르간 사용을 금지한 것이 아니라 예배드릴 때는 화성합창으로 된 코랄을 부르도록 권장했기 때문에 그 이후에는 단선율이 아닌 합창을 위한 화성코랄집이 출판되었다.

그러나 루터파 교회의 회중찬송은 좀처럼 보급되지 않다가 16세기 말에 이르러서 겨우 회중들이 찬송가를 부르게 되었다고 한다. 물론 그 당시의 회중들은 무반주로 코랄을 제창(unison) 했는데, 성가대가 있을 경우에는 테너 성부가 회중과 함께 멜로디를 부르고 그 이외의 성부는 다성적으로 처리한 대위선율을 불렀다. 그러다가 주선율이 소프라노로 옮겨진 것은 16세기 말에 독일에서는 1586년에 뉴렌베르크에서 루카스(Osiander Lukas)가 편집한 코랄집에서 찾아 볼 수 있다. 또한 이때에 교회에서는 주로 오르간을 독주 악기로 사용했을 뿐 찬송가를 반주하기에는 이르지 못했다.

한편, 이 시대의 코랄의 특색은 생동감이 넘치는 리듬과 중세 전통의 교회선법에 의한 박력있고 감성적인 것이 적은 전음계적인 멜로디였던 것으로 생각된다. 종교개혁 이후 반세기 동안에 독일에서는 200가지에 이르는 코랄집이 출판되었는데 이 전성기를 "코랄 황금 시대"라고 한다.

4. 30년 전쟁 시대의 독일 찬송가

17세기 전반기에 독일은 비참한 전쟁 속에서 허덕이고 있었다. 1618년부터 1648년까지의 이 30년 전쟁은 단순한 독일 역사상 최대의 비극이었을 뿐만 아니라 그 당시의 기독교와 서유럽 전체에 큰 영향을 미쳤던 것이다.

종교개혁 이후에 독일에서는 개신교와 로마 카톨릭 사이에 대립이 계속되고 있을 때 보헤미아 영주가 개신교 교도들을 탄압하여 국민들이 반란을 일으킨 데서 전쟁이 일어난 것이다. 그러다가 잠시 국민들의 반란이 진압되었으나 루터교를 국교로 하고 있던 덴마크의 왕이 독일 개신교 제후(諸侯)들과 관계를 맺고 신도들을 보호한다는 이유로 전쟁에 개입한 것이 사태를 더욱 악화시킨 것이다. 그런데 얼마 안 되어서 덴마크 군대가 패전하여 전쟁이 끝난 것 같았으나, 이번에는 스웨덴과 프랑스가 참전하여 각지의 제후들과의 이해 관계가 얽혀서 30년이라는 긴 전쟁이 계속되는 동안 독일은 황폐하고 불행한 종교전쟁이 계속된 것이다.

그러나 이러한 전쟁도 1648년에 웨스트팔리아에서 프랑스군의 승리로 체결된 평화조약(Peace of Westphalia)이 체결되어 전쟁은 끝났다. 이리하여 로마 카톨릭교회는 좀 넓은 땅을 차지하게 되었고, 반면에 루터파와 칼빈파는 종교의 자유를 얻게 되었다. 이 30년 전쟁을 치루는 동안 신도들의 마음에는 하나님의 섭리와 보호하심을 감사하여 그들은 시와 노래로 그들의 신앙을 표현한 것은 당연한 일이다.

여기에 30년 전쟁 동안에 태어난 찬송가 작가들을 소개한다.

마르틴 링카르트(Martin Rinkant, 1586-1649)

색소니주 아일랜부르크에서 출생하여 라이프찌히 대학에서 신학을 마치고 아이스레벤, 에르테본, 리티헨도르프에서 여러 해 동안 목회를 했다. 30년 전쟁 동안에 많은 사람들이 아일랜부르크에 피신했으나 흑사병으로 많은 사람들이 목숨을 잃었다. 링카르트는 이때 그곳 사람들을 위해서 헌신적으로 돌보다가 애석하게도 1637년에 흑사병으로 아내를 잃고 말았다. 그러나 그는 좌절하지 않고 많은 산문과 시를 남겼는데 통일 찬송가 20장에 "다 감사 드리세"가 수록되어 있다.

리스트(Johann Rist, 1607-1667)

함브르크 근교에서 태어난 리스트는 아버지의 원대로 목사가 되었다. 대학에 다닐 때 교수의 영향을 받고 찬송가에 관심을 가지게 되어 연구에 몰두했다. 30년 전쟁 때 대학은 황폐되고 자신도 병에 걸려 고생했다. 그후 함브르크 근교에서 목회를 했는데 페르난드 Ⅲ세로부터 계관 시인으로 임명받고 일류 시인으로 평가되어 귀족으로 대우를 받았다. 그의 작품은 약 680 개가 있다.

게르하르트(Paul Gerhardt, 1607-1676)

게르하르트는 그 당시 가장 이름이 높은 찬송가 작가로 알려졌을 뿐만 아니라 독일 최고의 종교 시인으로서 알려진 사람이다.

게르하르트가 종교개혁의 발상지인 비텐베르크에서 태어난 다음 해에 30년 전쟁이 일어났는데 그 가운데서 비텐베르크 대학 신학부에서 공부했다. 그가 졸업할 때 독일은 30년 전쟁으로 인해서 황폐되었으나 그가 한 작은 마을에서 목회할 때 그의 나이는 45세였고 50세 때에 베를린의 성 니콜라스 교회의 목사가 되어 명설교가로 활약했다고 한다.

그의 작품은 통일 찬송가 18장에 "내 영혼아 곧 깨어"라는 제목으로 한 편만 수록되어 있으나 개편 찬송가 36장, 103장, 408장 그리고 새찬송가 17장과 55장에 수록되어 있다.

5. 경건주의와 찬송가

독일은 30년 전쟁의 비참한 체험을 통해서 얻은 주관적인 그들의 신앙 체험으로 17세기 후반에 이르러 점점 발달하고 있었다. 바로 이것을 우리는 경건주의라고 말하는데, 바로 그때 독일을 중심으로 해서 큰 종교운동으로

파급되었다.

이 경건주의운동은 1690년부터 1730년에 걸쳐서 루터의 종교개혁 이후에 루터파 교회 안에서는 종교적인 생명을 상실해 가고 있었다. 그런데 이때 스페너(Philip J. Spener, 1635-1705)가 일으킨 운동이 바로 개혁운동이다. 루터 시대에 그토록 열심히 부르던 회중들의 찬송가도 점점 식어져 가고 따라서 찬송가를 부르는 것이 형식적인 것이 되고 말았다.

이때 스페너는 회중들의 신앙적인 갈등과 위기를 절감하고 그의 집에 뜻을 함께 하는 사람들이 모여서 신앙의 내적인 본질에 관하여 토론하며 기도하면서 경건주의운동을 전개하였다.

이 시대의 찬송가 작가 몇 사람을 소개한다.

카니츠(Friedrich Rudolf Canitz, 1654-1699)

법률가의 아들로 베를린에서 태어나 라이프니쯔 대학에서 공부한 후에 프로이센에서 관리 생활을 했다. 스페너의 감화를 받고 경건주의운동에 가담하여 24편의 찬송가 시를 썼는데 그 가운데서 "오 내 영혼아"(통일찬송가 25장)가 유명하다. 이 찬송가는 그의 신앙생활을 반영한 것으로 그가 항상 즐겨 부르던 찬송가이다.

로디가스트(Samuel Rodigast, 1649-1724)

예나 근교에서 목사의 아들로 태어나서 바이마르와 예나에서 공부한 후에 베를린에서 고등학교 교사로 평생을 바쳤다.

슈몰크(Benjamin Schmolk, 1672–1680)

루터교 목사의 아들로 태어나서 라이프찌히 대학에 다닐 때 경건주의파의 영향을 받았는데 그의 찬송가 작품에는 그 영향이 현저하게 표현되어 있지 않다. 통일 찬송가 250장과 431장에 그의 작품이 수록되어 있다.

네안더(Joachim Neander, 1650–1737)

국민학교 교장의 집에서 태어나 20세 때 운더아이크 목사의 설교를 듣고 회심하여 경건주의를 따라 그의 방탕한 생활을 청산했다.

이상에 소개한 경건주의 찬송가 작가들이 많으나 여기에서 줄이기로 한다.

6. 후기 독일 코랄

17세기 이후의 독일 코랄은 "코랄의 황금 시대"라고 한다. 종교개혁 시대의 전투적이고 객관적인 코랄의 뒤를 이어서 경건주의 시대에는 내성적인 찬송가 시대로 접어들었다.

이 시대에 발행된 『경건한 서정시의 실용적인 곡집』 (Praxis Pietatis Melica)라는 것으로 1736년도까지 무려 44판을 출판하여 17세기 이후의 코랄을 대표하는 것이라고 말할 수 있다. 이 코랄집을 발행한 사람은 우리 나라 통일 찬송가에 수록된 "다 감사드리세"(20장)와 "주는 귀한 보배"(452장)를 작곡한 교회음악가인 그뤼게르(Johann Gruger, 1598-1662)인데 그는 브란덴브르크에서 태어나서 비텐베르크 대학에서 신학을 공부한 후에 동유럽을 여행하면서 연구하다가 1615년에 베를린으로 돌아왔다. 1622년부터 1640년 사이에는 성 니콜라스교회에서 목회 생활을 하면서 회중들이 쉽게 부를 수 있는 찬송가를 편집하는 한편, 작곡도 많이 했다. 그의 작품(작곡)은 초기의 코랄과 좀 다른 서정적이고 독자적인 면을 개척하였다.

그뤼게르의 후계자라고 말할 수 있는 사람은 후라이링하우젠(Johann Freylinghausen, 1670-1739)이다. 이 사람은 루터파 신학자요 경건주의 지도자였던 프랑케 헤르만(Franke, August Hermann)의 협력자로서 활약하면서 『재미있는 노래책』(Geistreiches Gesangbuch, 1704)이라는 성가집을 발행했는데 그 성가집은 그 당시에 할레시를 중심하여 경건주의자들이 즐겨 부르는 찬송가집으로서는 대표적인 것이었다.

이때, 북유럽을 중심하여 오르간이 발달하기 시작하여 17세기 중엽부터는 회중들이 노래를 부를 때 반주하는 데 사용되었다. 사무엘 샤이트(Scheidt, Samuel, 1587-1654)와 같은 교회음악 작곡가는 코랄 선율을 정선율로 삼아서 오르간 곡을 작곡했다. 이리하여 바로 오르간 코랄이라고 하는, 다시 말하면 예배가 시작되기 전에 전주(연주)하는 오르간 전주곡이 발달하게 된 것이다.

한편, 이때에 코랄을 주제로 하는 합창곡도 많이 작곡되어 예배 전후에 연주하는 그날 예배 제목의 성구를 음악적으로 해석하는 독창, 중창, 합창 등과 같은 교회음악 칸타타로 사용되었다.

오르간 음악과 교회 음악 칸카가 발전하는 절정기에 세기적인 독일 프로테스탄트 음악의 최고봉인 바하(Johann Sebastian Bach, 1685-1750)가 나타났다. 비록 바하는 많은 코랄을 작곡하지 않았으나 그 가운데서 그의 코랄을 교회 칸타타나 수난곡 등에 적절하게 편곡하여 삽입했고 또한 그의 오르간을 위한 편곡도 최고의 수준이었다.

7. 모라비아 찬송가

후스파(Hussites) 혹은 보헤미아 형제단(Bohemian Brotheren)이라고 불리는 모라비안들은 존 후스(John Huss)의 추종자들인데, 1415년에 후스가 화형을 당한 후에 모라비아 계곡으로 피신했으나 헤아릴 수 없는 핍박을 당했으며, 30년 전쟁 이후에도 계속하여 핍박을 당하여 멸망할 것 같았으나 그들은 지하 조직으로 활동하여 오늘날도 모라비아파들은 그리스도교계에 많은 영향을 미치고 있다. 그후 18세기에 이르러서 그들은 독일의 색슨(Saxony) 지방으로 널리 퍼져서 살다가 귀족 출신인 찐젠도르프(Nikolaus Ludwig Zinzendorf, 1700-1760)을 만나서 그와 함께 경건주의운동을 전재해 나아갔다.

찐젠도르프는 경건주의 신앙 가정에서 태어나서 성장하

면서 여러 나라에서 수학하고 돌아온 후에 색슨의 드레스덴(Dresden) 정부에서 법률 고문으로 일하면서 그 지방에서 종교적으로 핍박당하고 있는 모라비아 교도들에게 자기의 영지 얼마를 나누어 주고 그곳에 주님이 지키신다 (Herrnhut)라는 마을을 건설했다. 그리하여 그들은 "모라비아 형제단"혹은 "헤른후트파"라고 부르게 되었고 찐젠도르프는 그곳에 이상촌을 세우려 했으나 실패하였다. 그리하여 찐젠도르프는 그곳에서 추방되어 미국으로 건너가서 전도 활동을 하다가 정부의 사면으로 헤른후트로 돌아와서 그의 생애를 마쳤다.

시재(詩才)라고 불리는 찐젠도르프는 2천 편 이상의 찬송시를 남겼는데 그의 작품은 경건주의 신앙과 열렬한 전도정신을 표현하고 있다.

8. 18세기 후반 이후의 독일 찬송가

18세기에는 유럽에서 계몽주의사상이 성행하였는데 이때에 독일도 이 영향을 받았다. 계몽주의는 르네상스로 말미암아 합리주의로 발전하여 모든 것을 합리적으로 해결하여 미신을 타파하고 합리주의로 해결하였다. 이리하여 자연과학 분야에서 시작하여 철학에까지 영향을 미쳐서 정치적인 실천에까지 발전했다. 프랑스의 볼떼르(Voltaire, 1694-1778)와 몬떼스큐(Montesquieu, 1689-1775), 그리고 독일의 레씽(Lessing, 1729-1781)은 18세기의 계몽주의 철학자들이었고 칸트(I. Kant, 1724-1804)는 계몽주의사상가들 가운데서 대표적인 철학자였으나 칸트는 계몽주의 환경의 가정에서 자라났기 때문에 인간의 이성의 한계를 알고 있었다. 이리하여 계몽주의사상은 옛 제도를 비판하고 타파 내지 탈피하는 방향으로 나아갔으므로 드디어 프랑스혁명의 원동력이 된 것이다.

이리하여 기독교는 계몽주의사상의 영향을 받아 철학파 같은 것이 되어 단순히 하나님의 존재를 믿는 생활을 하는 데 이르고 말았다. 그리하여 그때 유럽에 있는 모든 나라의 전제 군주들은 이때를 이용하여 국가가 교회를 지배하기에 이르렀다.

한편, 독일에서는 계몽주의사상이 경건주의 사상보다 좀 늦게 발달하여 18세기 후반에는 계몽주의 사상이 경건주의사상보다 더 발달하기에 이르러 볼떼르의 영향을 받은 프로이센(Preussen)의 프리드리히 대왕과 오스트리아의 요셉 Ⅱ세(Josep Ⅱ) 등은 계몽주의적인 전제 군주가 되었다.

이러한 사상적인 상황은 찬송가를 창작할 수 있는 종교적인 정신활동과는 거리가 멀어져서 이 시대에는 독일 찬송가 활동이 침체되었고 문예계는 고전주의로부터 낭만주의로 기울어지고 있었다. 그러나 그러한 상황 가운데서도 찬송가가 하나도 창작되지 않은 것은 아니었는데 거기에는 은연중에 계몽주의사상을 받았기 때문이다.

이때에 겔러트(Christian Gellert, 1715-1769)와 빌헬름 (Johann Wilhelm, 1789-1855)이 찬송가 작가로 활약하였다.

이와 동시에 카톨릭교회의 미사는 중세 초기 이후부터 최근에 이르기까지 1964년에 제2바티칸 공의회에서 각 나라는 자국어의 미사가 장려되기까지 라틴어로 행하여졌으며 그 이외의 언어는 비공식적으로 허용되었다. 그러나 독일에서는 중세말기부터 라틴어로 미사를 드리는 동안에 성가대나 회중이 예전의식문에 관계된 독일어 성가를 부르는 것이 관례였다. 18세기 말, 계몽주의적 군주인 오스트리아 황제 요셉 Ⅱ세(Joseph Ⅱ)는 교회에서 예배드릴 때 사용하는 음악을 쉽게 만들라고 하여 이 시대에 독일과 오스트리아에서는 적극적으로 찬성하여 라틴어 예전의식문의 의미를 이해하도록 도와주었다.

　빈 공과대학 교수인 노이만(Johann P. Neumann)은 이 일에 적극적으로 찬성하여 자기의 작품 미사의 각 부의 예전의식문을 패라프레이즈(Paraphrase)로 만든 9부에서 발췌하여 작사한 후에 슈베르트에게 작곡을 의뢰한 것이 바로 "독일 미사"곡이다.

4
칼빈과 시편가

4
칼빈과 시편가

시편(Psalm)은 오늘날 기독교가 물려받은 가장 고귀한 음악적인 유산이다. 구약 시대 때에 이스라엘 백성들은 오직 시편만으로 예배드리며 찬양하였다. 그후 세월이 흘러 초대교회와 중세 카톨릭교회에서도 시편은 교회에서 유일한 노래(성가)로서 사용되었다.

독일에서 마르틴 루터(M. Luther, 1483-1546)가 주도하던 종교개혁이 진행되고 있을 때 스위스의 제네바에서는 칼빈(John Calvin, 1509-1504)이 지도하는 신학사상을 주축으로 종교개혁을 시작하여 여기에서 새로운 형식의 찬송가인 "시편가"가 탄생하기에 이르렀다.

그런데 스위스에서는 쯔빙글리(Zwingli, Huldrich= Huldreich, Ulrich, 1848-1531)가 함께 루터와 로마 카톨릭 황제의 면죄부(免罪符) 판매에 반대하여 1519년 이후에

쯔리히에서 목회하면서 로마 카톨릭교회의 부패성을 공격하므로 말미암아 스위스 정부가 거의 카톨릭교회에서 이탈하기에 이르렀다. 물론 쯔빙글리의 종교개혁운동은 루터의 종교개혁운동의 영향을 받은 것으로 한층 더 이성적인 운동으로 칼빈의 영향을 받은 예정설에 기초를 둔 운동인 것이다.

쯔빙글리의 사상은 스위스에서부터 북쪽으로 확장하여 독일 남쪽까지 그 세력을 폈으나 이 지역은 워낙 보수주의적이었으므로 강렬한 저항에 부딪혀서 전쟁으로까지 확산되어 서로 싸우다가 불행하게 쯔빙글리는 전사하여 패전하기에 이르렀다. 그러나 쯔빙글리는 음악을 매우 좋아했으나 그가 이끄는 종교개혁 때에는 카톨릭교회의 미사나 교회의 성상(聖像) 폐지를 주장하는 때였으므로 교회 안에 있는 오르간마져 없애버렸으므로 교회음악이나 찬송가 분야에는 별로 공헌한 것이 없다.

그러나 여기에 비해서 칼빈은 스위스의 제네바에서 종교개혁을 주도하면서 그의 독특한 신학 체계를 형성하여 유럽에서는 개혁파로, 그후에는 영국에서 장로회파로 불리는 복음주의개혁교회를 조직하여 청교도들(Puritan)의 사상적 중심을 형성하여 마침내 미국 기독교계에도 큰 영향을 미쳤다.

칼빈의 방대하고 깊은 신학에 관해서는 여기에서 충분히 설명할 수 없겠지만, 칼빈신학의 핵심은 성서에 기록된 하나님의 말씀을 절대로 존중하고 또한 하나님의 절대 지상권(至上權)에 대하여 완전한 복종을 설명한 것이다.

그리하여 그 교의(敎義)의 중심은 "오직 믿음으로 말미암아 의롭다 함을 받은" 하나님의 구원의 예정설이다. 그리하여 칼빈은 중세 카톨릭교회의 비성서적인 요소를 과감하게 배제하는 한편, 예배에 있어서도 새로운 형식을 채택하여 거기에 알맞는 찬송가를 창작하는 일을 했다.

칼빈에 의하면 예배드릴 때 하나님을 찬양하는 가장 적절한 찬송가는 초대교회 이후에 많은 사람들에 의해서 쓰여진 창작된 찬송가가 아니라 오직 "하나님의 말씀"이 기록된 말씀 가운데서도 구약성서에 있는 150(1편부터 150편) 편의 시편들만이 찬송가로 쓸 수 있다고 생각했다.

그런데 칼빈이 이러한 일을 실천하기 위해서 암시를 받은 것은 그가 독일의 스트라스브르크에 망명하고 있을 때 독일 루터파교회에서 회중들이 힘차게 코랄을 부르는 것을 듣고 감명을 받아 자신이 인도하는 회중들도 하나님의 말씀인 시편을 찬송가로 부르게 해야 되겠다고 생각한 것이다. 그리하여 루터교회처럼 칼빈도 라틴어로 된 찬송가가 아니라 그들의 일상 언어인 프랑스어로 시편을 부를 수 있게 되기를 바라고 있었다. 그러나 칼빈은 그가 바라던 대로 자기의 손에는 프랑스어로 된 시편이나 가사나 곡이 없었기 때문에, 그는 우선 프랑스어로 된 운율 시편을 번역하여 그의 주위에 있는 시인들과 신학자들과 음악가들의 힘을 빌어서 프랑스어로 운율 시편을 번역하는 일에 박차를 가했다.

오늘날 우리들은 시편의 운율역을 Metrical Version

(of the Psalm) 혹은 운율 시편(Metrical Psalm)이라고 부른다.

프랑스 북부 지방 노은(Noyon)에서 관리의 아들로 태어난 칼빈은 법률을 공부한 후에 빠리에서 신학을 연구하여 1533년에 성령의 감화를 받고 복음주의자로 전향했다. 이 일로 인해서 칼빈은 극심한 박해를 받다가 견딜 수 없어서 스위스 바젤로 망명하여 그곳에서 그의 신학 체계를 집대성하여 수립한『기독교 강요』(*Institutio Christianae Religionis*, 1536)을 출판했다. 그후 잠시 빠리로 돌아와서 길로메(Farel, Guillaume, 1489-1565)와 함께 종교개혁을 주도했으나 그 운동이 너무 과격하다는 이유로 1538년에 추방되어 스트라스부르크에서 그곳 대학 교수로 있으면서 각지의 종교개혁자들과 사귀며 칼빈주의교회의 기초를 닦았다.

『스트라스부르크 시편가』(*Strasbourg Psalter*)는 칼빈 자신이 시편 36편을 운율화한 것으로, 이것은 2세기 동안이나 널리 불려진 시편가 초기의 것으로서 대단히 귀중한 것으로 인정받고 있다. 그런데 이 곡은 누가 작곡했는지 확실히 알 수 없지만 1525년에 발행한 루터교 코랄집에 시편 36편을 독일어로 번역하기 위하여 수록된 것으로 생각되므로 아마 그 당시 스트라스부르크 성당의 독창자였고 음악가였던 그라이터(Matthäus Greiter)가 작곡한 것으로 추측하고 있다.

흔히 칼빈은 찬송가가 교회음악에 관해서 무관심하다고 말하지만, 칼빈은 그의 저서『기독교 강요』에서 음악의 중요성을 다음과 같이 말한 것으로 보아 그 말은 타당하지 않다는 것을 알 수 있다.

> 인간이 오락이나 즐거움을 위해서 여러 가지 일이 많지만 그 가운데서 가장 좋은 것은 음악이요, 또한 음악은 하나님이 인간들에게 주신 은사이므로 우리를 선한 곳으로 인도한다.

통일 찬송가에 있는 "이 몸의 소망 무엔가"(539)는 복음성가로서 신학적인 면에서 칼빈주의 색채를 지닌 대표적인 찬송가이다.

1. 시편가의 발달과 전파

이미 앞에서 살펴본 대로 루터의 종교개혁이나 다음 장(章)에서 살펴보게 될 영국 종교개혁의 경우에서와 같이 칼빈의 종교개혁에 있어서도 종래의 로마 카톨릭에서 예배드릴 때 라틴어를 사용하던 것을 자국어로 부르도록 개혁한 것이다. 이것은 아마 그 당시 르네상스와 같은 계몽적인 방법이라고 생각할 수 있다.

이리하여 예배드리는 회중들이 노래를 부를 때 그 뜻을 충분히 이해하여야 한다는 중요성을 개혁자들은 똑같이 절감하고 있었다. 칼빈은 회중들이 예배드릴 때 자국어인 프랑스로 번역된 운율시편을 쓰려고 하였으나 실제로는 그러하지 못했다. 왜냐하면 그러한 운율 시편이 그때까지 없었기 때문이다.

이리하여 칼빈은 먼저 프랑스어로 운율 시편을 번역하여 초기의 시편가집에 다섯 편을 수록했다. 그러나 칼빈은 뛰어난 시인(詩人)이 아니었기 때문에 자기가 번역한 시편에 만족하지 못하여 이 일을 위해서 협력자들을 찾아 나선 결과, 시인 마로(Clement Marot)와 음악가인 브르즈와(Louis Bourgeois)를 만나 함께 일하다가 그후에 칼빈의 후계자인 프랑스의 종교개혁자 베자(Béze 혹은 Béza)가 마로의 후계자가 되었다.

칼빈의 최초의 시편가집은 1539년에 스트라스부르크에서 발행한 *Aulcuns pseaulmes et cantiques*(음악을 위한 시편과 노래)인데, 여기에는 칼빈이 번역한 것이 네 편이 있고 마로가 번역한 것이 열두 편, 그외에 두 편을 더해서 열여덟 편의 시편과 성서에 의한 찬송가(canticle) 세 편을 합해서 모두 스믈한 편으로 되어 있다.

그후, 칼빈은 제네바로 돌아가서 1541년에 또 하나의 시편가집을 발간했는데 그때 프랑스 빠리에 망명해 있던 마로와 브르즈와가 제네바로 돌아와서 칼빈과 함께 일했다. 그후에는 모든 시편가가 제네바에서 발간되었다.

2. 제네바 시편가

1542년에 제네바에서 발행한 최초의 시편가집에는 시편가 서른아홉 편 가운데 "시몬의 노래"를 수록했고, 몇 개월 후에 재판한 것 가운데는 여러 가지의 곡이 들어있다. 거기에는 이전에 있던 열일곱 곡과 나머지 스물두 곡 가운데 열세 곡은 새로운 곡이거나 편곡한 것이다.

이리하여 제네바에서는 시편가가 발전하기 시작하기 시작하여 증보판을 거듭하다가, 완성된 것은 20년 후인 1562년이었다. 칼빈이 직접 지도하던 시편가집은 그후에도 계속해서 출판되어 약 100년 사이에 170가지나 출판되어 제네바 시편가는 20개 국어 이상으로 번역되어 사용되었다는 것은 놀라운 일이다.

칼빈이 1542년에 제정한 새로운 예배 순서에는 시편가를 부르도록 하여 1559년에는 프랑스의 개혁파 교회에서도 예배에 출석하는 회중들은 시편가집을 반드시 가지고 와야 한다는 것을 규정하여 그후 약 2세기 동안 칼빈주의 교회에서는 시편가가 없어서는 안 될 필수적인 것이었다.

5

영국 시편가 시대와 18세기 찬송가

5
영국 시편가 시대와
18세기 찬송가

1. 영어의 시편가 시대

　시편가는 칼빈주의교회가 전파되는 곳에는 어디에나 전해졌다. 그 가운데서도 영어가 통용되는 영국과 미국을 위시하여 모든 나라에 찬송가 역사상 지대한 영향을 미쳐서 프랑스어 시편가보라 그 힘이 더 컸다는 것을 알 수 있다.
　영국의 근대 찬송가는 종교개혁 후에 바로 그 시편가의 전성 시대가 이어져 거의 200년에 이르러 그 이후에는 창작 찬송가가 꽃을 피기 시작했다. 그러면 그때 영국의 상황에 관해서 살펴보겠다.

2. 영국의 종교개혁

영국에서도 16세기에 종교개혁이 있었지만 북쪽 독일과 제네바에서의 종교개혁과는 그 양상이 좀 달랐다. 그것은 그 당시 영국 왕 헨리 Ⅷ세(Henry Ⅷ)의 이혼 문제가 발단이 되어 1534년에 로마 카톨릭의 종교적인 지배를 벗어나서 영국 왕이 직접 영국 교회를 다스리게 된 것과 동시에 처음부터 정치적인 갈등이 심했다. 그리하여 영국 국교회(Church of Englnd)가 탄생된 것이다.

그후에 토마스 크랜머(Thomas Cranmer, 1489-1556) 대주교가 영국의 종교개혁을 지도했으나 그리 철저하지 못하여 예배의식이나 예배음악을 영어로 사용한 것 이외에는 로마 카톨릭교회 시대와 별로 다른 것이 없었다. 한편, 프랑스어가 먼저 프랑스 궁정에서 실용화된 것처럼 영어 시편가의 발달 과정에서 볼 수 있는데 그 대표적인 인물은 스턴홀드(Thomas Sternhold, 1500-1549?)이다. 옥스포드 대학을 졸업한 스턴홀드는 헨리Ⅷ세와 가까이 지낸 시인으로서 시편을 영어의 운율에 맞게 처음으로 번역한 사람이다. 특히 스턴홀드는 오르간을 아주 잘 쳤다고 전한다.

크랜머 대주교로부터 개신교적인 종교교육을 받은 헨리 Ⅷ세의 황태자 에드워드 Ⅵ세(Edward Ⅵ)가 1547년에 영국 왕으로 계승한 후에 스턴홀드에게 영어로 된 시편가 열아홉(19)편을 맡겨서 출판했는데 그것은 왕에게 헌정하는 형식으로 된 것이라고 한다.

이것이 바로 영어로 된 최초의 시편가였으나 그것은 교회에서 사용하기 위해서 만든 것이 아니라 개인적으로 사용하기 위해서 만든 것이었다. 약 2년 후인 1549년에 스턴홀드가 세상을 떠난 후에 그를 기념하기 위해서 제2판에는 서른일곱 편의 시편가를 수록했다.

스턴홀드의 친구였던 홉킨스(John Hopkins, ?—1570?) 목사가 영어 시편가의 작사를 이어받아 이 두 사람의 시편가를 합해서 『스턴홀드 시편가집』 제3판을 발행하였다.

3. 영어로 된 제네바 시편가

1553년에 왕위에 오른 메리 여왕은 카톨릭 교도로서 개신교 교도들을 무참하게 박해하여 그 결과로 빚어진 일이 그때 크랜미 대주교도 사형을 당하여 많은 개신교 지도자들이 독일과 스위스로 망명했다.

그런데 그들 가운데는 독일 프랑크푸르트에 망명한 사람들도 있었으나 예배 순서의 의견 차이로 인하여 그들 가운데 일부는 제네바로 가서 그곳에서 녹스(John Knox)를 목사로 모시고 영국교회를 설립하였다. 그리하여 그들은 제네바에서 시편가가 널리 불리고 있는 것에 자극을 받아 영국인을 위하여 교회용으로 스턴홀드 시편가를 1556년에 출판하여 그 이름을 『영어 제네바 시편가집』(Anglo Genevan Psalter)라고 했는데 점점 증보하여 예순두 편을 수록하기에 이르렀다. 이때에 스턴홀드와 함께 영어 시편가를 출판할 때 공헌한 사람이 통일 찬송가에 수록된 "영광의 왕께 다 경배하며"(31장)의 작사자 케데(William Kethe)이다.

그런데 그 영어로 된 제네바 찬송가 집에 수록된 시편
가 곡은 대부분이 영국의 것이었으나 제네바 시편가집에
도 몇 곡이 채용된 것을 보아서 영국이 프랑스어로 된
시편가 곡의 영향을 받은 것이라는 것을 알 수 있다. 그
가운데서 오늘날 세계의 모든 나라에서 "송영"으로 부르
고 있는 "만복의 근원 하나님"(OLD HUNDRED, 1장)
의 곡이 있다. 그런데 이 OLD HVNDRED라는 곡명은
이때의 시편가집이 구역 시편가집(Old Version)이라는
데서 유래한 것이다. 그리하여 이 곡은 당시의 유럽 각지
에 전파되어 바하(Bach)를 포함한 독일의 바로크 시대의
교회음악가들이 이 선율을 가지고 오르간 곡을 작곡했다
고 한다.

4. 시편가 시대의 배경

16세기 중엽에 프랑스로부터 전래된 시편가가 그후
200년 동안 영국에서 대단히 널리 퍼진 이유는 이미 제네
바 시편가에서 살펴본 대로 칼빈주의에 의해서 비성서적
인 요소를 전부 배제하고 오직 성서에 의한 찬송가로서
시편을 자국어인 영어로 부르게 되었다는 데 있다.
 그러나 영어를 통용하는 나라들에서 시편가가 불려지게
된 실제적인 이유는 이 이외에도 있었다. 그것은 곧 로마
카톨릭교회의 미사 의식서와는 달리 영국 국교회의 기도
서(예배 의식서)에는 창작 찬송가가 많이 수록되어 있지
않았기 때문이다. 기도서 가운데서 사용할 수 있다고 규정

한 것은 시편 이외에 Te Deum(암브로시우스가 만든 종교시의 첫 구절로서 "우리는 주님을 찬양하오니")과 Benedictus (다니엘서에 추가된 외전 가운데 있는 시로 "복 있도다"=감사의 노래)와 같은 영역(英譯) 된 것 뿐이었다. 이것은 아마 크랜머 대주교가 기도서를 편집할 때 그에게는 시적 재능이 없었기 때문이기도 하지만 어쨌든 영국 국교회의 예배 의식문에 창작 찬송가가 거의 포함되어 있지 않았다는 것은 청교들로서 뿐만 아니라 영국교회 전체에게 시편가 시대가 16세기 중엽부터 200년 동안 계속된 요인 가운데 하나라고 할 수 있다.

5. 스코틀란드의 시편가

영국 본토의 남부 지방 잉글랜드에서 시편가가 널리 불려지고 있을 때 북부 지방 스코틀란드에서도 찬송가가 보급되고 있었다. 그러나 스코틀란드는 정치적으로나 종교적으로 다른 면이 있었기 때문에 시편가의 양상도 다소 달랐다.

영어 시편가가 스코틀란드에 전래된 것은 1550년 이전이었지만 영어 제네바 시편가집이 그 곡과 함께 전래된 것은 1558년이었다.

칼빈과 함께 망명했던 스코틀란드의 종교개혁자인 죤 녹스(John Knox)는 1559년에 귀국하여 철저한 장로교주의를 바탕으로 한 스코틀란드 국교회를 설립하여 드디어 국민적인 교회가 된 것이 영어 시편가가 발간되는 원인이

된 것이다.

『스코틀란드 시편가집』(Scotland Psalter)은 1564년에 초판을 발행했는데 여기에는 영어 제네바 시편가 집에서 여든일곱 편과 1562년에 발행한 종합시편가집에서 마흔두 편, 그리고 스코틀란드 시인의 스물한 편이 수록되어 일백오십 편이나 되는 모든 시편을 영어로 의역(意譯)하는 일을 완성하여 그 가운데서 일백오십 곡에는 곡을 붙였다. 물론 그 곡들은 제네바 시편가곡과 영어 시편가곡에서 따온 것이다.

6. 16-17세기의 영국

종교개혁 이후의 영국의 정세는 종교계와 복잡한 관계에 얽혀 있었다. 영국 왕을 머리로 하는 영국 국교에 대해서 불만을 품은 사람들은 칼빈주의를 따르는 비국교도파로 형성되어 있었다. 영국은 찬란했던 엘리자베드(Elizabeth) 왕조 이후에 격심한 혼란기를 겪게 되었는데 특히, 17세기 중엽에는 찰스 Ⅰ세(Charles Ⅰ, 1600-1649)가 의회와 충돌하여 캔터베리(Canterbury)의 대주교인 윌리엄(Laud, William, 1573-1645)과 그 밖의 사람들이 청교도들을 탄압하기 시작하여 칼빈주의를 따르는 스코틀란드 국교회와 영국 국교회의 예배의식과 모든 제도에 강권을 발동하기에 이르러 드디어 스코틀란드 장로교파의 발란이 일어났다. 이리하여 영국은 내란으로 인하여 의회파는 청교도파의 지도자인 크롬웰(Cromwell, 1599-1658)

과 함께 1645년 여름에 국왕 군(軍)을 몰아내고 1649년에 왕을 처형했다.

그후, 영국은 크롬웰의 공화정책을 도입하여 독제 체제로 1653년부터 1658년까지 5년 동안 청교도주의의 전성기였다.

1660년에 영국은 다시 왕정 체제로 복귀하여 찰스 Ⅰ세의 아들이 즉위하여 시민들의 권리가 확대되어 17세기 말의 명예혁명을 거쳐서 18세기 초까지 국내의 의회정치가 안정되어 두 개의 정당에 의한 민주정치의 틀을 잡게 되었다.

종교계에서는 1660년의 왕정 복귀 후에 영국 국교회주의가 그 세력을 회복하여 청교도들도 국교회에 소속시키려고 했으나 그렇게 되지 못했다. 그리하여 청교도에 의한 체제 안에서 개혁이 진행되었으나 그후에 비국교파 혹은 분리파라고 인정되어 국교회 당국의 박해를 받았으나 굴복하지 않았다. 그후 세월이 흘러 청교도들이 국교회 회원으로 대우를 받게 된 것은 17세기 말로서 두 파 사이에 종교적 논쟁은 일단 가라앉았다.

7. 영국의 캐롤과 청교도

청교도 공화정치 시대에 영국과 스코틀랜드의 청교도들은 비성서적이라고 생각되는 것은 모두 과감하게 없애버리고 또한 중세 이후의 로마 카톨릭 전통에 근거한 모든 제도를 폐지하였다. 그 가운데는 영국에서 오래 전부터 전해 내려오는 아름다운 캐롤도 빠졌다는 것도 예외는 아니다.

오늘날, "캐롤"이라는 말을 크리스마스 캐롤이 대명사처럼 생각하지만, 본래 캐롤은 각 계절 때에 부르는 민요로서 세속적인 캐롤과 종교적인 캐롤이 있었다. 크리스마스 캐롤뿐만 아니라 주현절(Epiphany, 크리스마스 후 12째날인 1월 6일)이나 부활절 또는 그 이외에 교회력에 의한 계절과도 관계된 캐롤이 많다. 그러나 언제부터인지는 몰라도 크리스마스 캐롤만 불려지고 다른 캐롤은 흔히 부르지 않게 된 것이 오늘날의 실정이다.

각 나라의 캐롤 가운데서 특별히 영국의 캐롤이 아름다운 것은 청교도들이 핍박당하면서 간직하여 보존했기 때문이다.

8. 시편가 시대의 창작 찬송가

시편가의 전성 시대에도 한편에서는 찬송가를 창작하는 사람들도 있었다. 그것은 구약 시편가집 등과 같은 영어 시편가집은 장중한 반면에 문학적으로는 세련되지 못한 것이 많았고 또한 구약의 시편을 의역(意譯)하는 일을 제약하였으므로 내용적으로도 충실하지 못한 점이 있다. 그때의 작가들을 소개한다.

허버트(George Herbert, 1593-1632)
케임브리지 대학을 졸업하고 문학활동을 하면서 영국

왕 죠지 Ⅰ세의 극진한 사랑을 받았다. 그 당시의 시인, 학자들과 가깝게 지내다가 어느 친구의 권유로 영국 국교 회의 목사가 되어 시골에서 목회 생활을 하면서 창작 활동을 하다가 아깝게도 젊은 나이 40세 때에 세상을 떠나기 전에 완성한 종교시집 『성전, 성시 그리고 나의 절규』(The Temple, Sacred Poems and Private Ejaculations, 1633)을 남겼다.

밀톤(John Milton, 1608-1674)

런던에서 태어난 밀톤은 케임브리지 대학에 다닐 때 청교도 신앙에 감화되어 신앙생활을 하면서 학문과 예술 에 일생을 바치기로 결심하고 졸업 후에 문필 생활을 시작했다. 30세 때 견문을 넓히기 위하여 프랑스와 이탈리 아를 여행하다가 모국(영국)의 정치적인 불안정의 소문을 듣고 귀국하여 평론 생활을 하였다. 1649년부터 청교도들 에 의해 공화정치체제가 되어 영국 정부의 라틴어 서기로 활약하다가 과로하여 시력을 잃어 44세 때에 완전히 실명 했다. 그런데 얼마 안 되어서 공화정치 체제가 붕괴되고 다시 왕정이 복고되어 많은 공화주의자들이 처형되는 가운데서 밀톤은 재산만 몰수당하고 생명은 살아남았다. 그후, 맹인(盲人)의 시인 밀톤은 그의 최대 걸작의 『실락 원』(Paradise Lost, 1668)을 완성하였다. 이 작품은 구약성 서 창세기의 앞 부분을 읽고 감명을 받아 인간성의 상징 (symbol)으로서 아담을 주인공으로 하여 하나님의 섭리를 명확하게 묘사한 것이다.

밀톤은 젊었을 때 시편의 의역을 열하홉 편이나 썼다.

위더(George Wither, 1588-1667)

17세기 영국이 정치와 종교적으로 혼란했던 때에 기구한 생애를 보낸 사람으로 주로 정치가로서 활동하면서 많은 문학 작품을 남겼는데 그 가운데서 『교회찬송가와 가곡』(The Hymns and Songs of the Church, 1623)이라고 하는 찬송가곡 집을 발간하였다. 이것은 영국 국교회가 사용하기 위해서 만든 창작창송가집으로서 위더는 이것을 당시에 사용하던 시편가집과 함께 사용할 것을 국왕에게 아뢰었으나 오히려 박해를 받았다.

켄(Thomas Ken, 1633-1711)

통일찬송가 "만복의 근원 하나님"(1)의 작사자인 토마스 켄은 이 시대의 찬송가 작가로서 가장 훌륭한 사람이다. 옥스퍼트 대학을 졸업하고 성직자가 된 켄은 음악에 재능이 있는 신앙인으로 영국 왕의 종교 정책에 반대하여 런던 탑(오늘날의 형무소)에 감금된 일도 있었다.

번연(John Bunyan, 1628-1688)

『천로역정』(Pilgnim's Progress)의 작가로서 온 세상에 널리 알려진 번연은 빈곤한 가정에서 태어나 집안 일을 도우며 살다가 크롬웰이 이끄는 공화군에 참여하여 활동하다가 자기 부인이 준 종교 서적을 읽고 신앙생활을 하기 시작하였다. 평신도의 신분으로 설교했다는 이유로

왕정이 복고된 후에 투옥되어 그 감옥에서 쓴 것이 바로
『천로역정』인데 그 당시 영국에서 큰 선풍을 일으킨 작품
이다.

크로프트(William Croft, 1678-1727)

통일찬송가에 수록된 "참 놀랍도다 주 크신 이름(45)
과 "예부터 도움주시고"(438)의 작곡자인 켄은 웨스트
민스터 성당의 오르가니스트로 활약하면서 18세기 영국
찬송가의 특징을 잘 묘사하는 데 큰 공을 세운 사람이
다.

1) 신역 시편가집

스턴홀드판의 시편가집이 널리 사용되고 있을 때, 한편
에서는 많은 사람들이 뜻을 모아, 장중하지만 이해하기
어렵고 또한 시로서의 아름다움이 결여된 것을 고치려고
시편가의 개역(改譯)을 단행했다. 그 가운데에 17세기 말에
출판된 신역 시편가(A New Version of the Psalms of David,
1696)이 있는데 이것은 테이트(Nahum Tate, 1652-1715)
와 브래디(Nicolas Brady, 1659-1726) 두 사람이 공역한
것이다.

테이트(Nahum Tate, 1652-1815)

아일랜드 출신의 시인으로 윌리엄 Ⅲ세(William Ⅲ)
시대에 계관 시인으로 추대되어 셰익스피어의 비극『리어
왕』(King Lear)을 희극으로 고쳐서 그 당시에는 호평을

받았으나 문화적으로는 좋다고 평가할 수 없다. 그의 명성은 오직 『신역 시편가 집』의 편자로서 알려져 있다.

브래디(Nicolas Brady, 1659-1726)

옥스포드 대학과 더블린의 트리니티 대학을 졸업한 후 영국 국교회의 사제로 있다가 영국 왕실 목사가 되었다. 그 사이에 그는 테이트와 함께 새로운 시편가집을 편집하여 윌리엄 Ⅲ세 왕에게 헌정했다. 이 시편가집은 스턴홀드·홉킨스판인 『구약 시편가집』과 비교해 보면 용어가 세련되었지만 반드시 훌륭하다고는 할 수 없다. 왕으로부터 "모든 교회에서 사용하기에 적합하다"라는 칙어(勅語)를 받았으나 오랜 동안 구역(舊譯)에 친숙한 회중들에게 환영받지 못하였는데 19세기에 이르러서는 구역을 고집하는 사람들이 있었기 때문에 그후 150년 동안 두 가지를 병행하여 사용하였다. 결국 그때 창작찬송가 시대가 되어 시편가 시대는 끝나서 시편가집과 구역 시편가집 가운데서 훌륭한 것만 남게 되어 오늘날 각 교파의 찬송가집에 수록되어 있다.

2) 영국 찬송가

16세기의 영국과 스코틀란드교회에서는 루터의 음악보다 오히려 갈빈주의에 기초한 교회음악을 도입했다. 따라서 예배드릴 때는 회중들이 자국어로 된 음율 시편가만 부르도록 했고 창작 찬송가는 부르지 못하게 했다. 영국교회에서는 1821년까지 공식적으로 교회에서 찬송가를 부르는 것을 허용하지 않다가 17세기 경부터 창작 창송가가 나타나기 시작하여 17세기 발경에는 음율 찬송가대신 찬송가가 교회찬송가로 사용하게 되었다. 벤슨(Louis Benson) 의 말대로 음율 시편가가 점점 사라지고 찬송가가 나타난 것은 첫째, 지금까지 사용하던 음율 시편가의 문학적인 질을 높이려는 것과 둘째로, 시편가의 내용을 현대의 환경과 감각에 맞도록 하고, 셋째로, 시편 이외에도 성서에 있는 노래와 복음적인 노래를 부르도록 하려는 것이었다.

9. 18세기의 영국 찬송가

영국은 18세기에 접어들면서 유럽 대륙의 계몽주의사상의 영향을 받아 이신론과 자연신론(理神論, 自然神論), 다시 말하면 인간은 하나님의 존재와 우주의 모든 법칙을 이성으로 알 수 있다는 사상이 만연하게 시작했다.

청교도들이 인간을 초월한 하나님의 계시와 그의 절대적인 능력과 구원을 강조하는 것에 대하여 왕국의 철학자 로크(John Lock, 1632-1794)는 이신론의 입장에서 계시와 이성을 하나로 보고 자연종교를 주장했다. 그리하여 이러한 사상이 지배적이 되어 일반인들의 신앙은 저조하게 되었고 이와 때를 같이 하여 와트(James Watt, 1736-1819)의 증기 기관의 발명으로 말미암아 근대 공업의 원천이 되어 산업혁명을 일으키게 하였으므로 자본가와 노동자 사이에 빈부(貧富)의 차이가 겸심하게 벌어져서 사회는 혼란 상태에 빠졌다. 특히 도시에서는 실직자들이 많이 생겼으나 영국 국교회는 이러한 상황에 대해서는 별로 관심을 두지 않았고 비국교회나 청교도들을 중심으로 하는 장로교파에서는 유니테리안(Uniterian, 삼위일체를 부정하고 신격의 단일성을 주장하여 그리스도의 신성도 부정한 파)으로 전향하는 사람들도 많아진 동시에 퀘이커 교도들도 창시자인 폭스(George Fox)의 이상에서 점점 멀어져 일반 대중은 비참한 상태에 빠졌다.

바로 이러한 혼란한 시대에 모라비아파의 영향을 받은 존 웨슬레(John Wesley)와 찰스 웨슬레(Charles Wesley) 의 두 형제를 중심으로 하는 새로운 종교운동이 일어나서 감리교회를 탄생시켜서 일반 대중들의 영적인 구원사업에 앞장섰다.

이러한 시대에 영국의 찬송가는 재생하였다. 종교개현 이후 2세기 동안이나 전성기를 이루었던 시편가 시대도 끝났고 그 대신 영어 찬송가 시대가 열리게 되었다. 그런데 이 시대의 선구자가 바로 영어 찬송가의 아버지라고 불리는 아이작 와츠이다.

와츠(Isaac Watts, 1674-1748)

와츠는 1674년 7월17일에 영국 사우드앰톤(Southampton)에 있는 어보브 바(Above Bar) 회중교회 집사인 청교도의 가정에서 태어났다. 와츠는 그곳 Free School을 졸업하고 스토크 뉴잉톤(Stoke Newington)에 있는 토마스 로우(Thomas Row)의 미국교도 아카데미에서 공부한 후,

1699년에 런던에 있는 마크 레인 독립교회(Mark Lane Independent Chaple)의 부목사로 시무하다가 3년 후인 1702년에 그 교회의 담임 목사가 되었다.

와츠는 이 세상을 떠날 때까지 떠날 때까지 독신으로 지냈다. 그러나 단 한번 엘리자벳 싱거(Elizabeth Singer)라는 처녀와 가까이 지낸 일이 있었다. 그런데 싱거양은 와츠 목사를 한번도 만나본 일이 없었는데, 그의 시를 읽고 사랑하게 되었다. 그러다가 어느 기회에 싱거양은 와츠 목사를 만나볼 기회가 생겨서 만나보았으나 아연실색하고 말았다. 다섯자 정도밖에 안 되는 키, 몸에 비해서 지나치게 큰 머리, 매부리코에 툭 튀어나온 눈, 병자같은 몸집, 그 어느 하나도 사람으로서는 조화되지 않은, 아니 사람이라기보다 기형아 같았다. 그러나 와츠 목사는 그녀를 보고 청혼하였다. 그러자 싱거양은 아주 정중하게 다음과 같이 말했다. "와츠 목사님, 제가 하나의 보석을 보고 경탄한 것만큼 그 보석 상자를 보고 놀랄 수만 있었다면 얼마나 다행한 일이겠습니까?" 참으로 그 보석(와츠 목사의 시)은 경탄할 만했지만 그 보석 상자(와츠의 생김새)는 어느 하나도 보잘것 없는 것이었다. 비록 와츠 목사와 싱거양이 결혼은 못했지만 그후 36년 동안 서로 우정을 가지고 지냈다고 한다.

와츠 목사가 평생 동안 건강이 나빴던 것은 그의 아버지가 독립교회의 교인이라는 이유로 여러번 투옥되어 생활이 어려울 때 태아(胎兒)로 있었기 때문이라고 한다. 1683년에 와츠 목사의 아버지가 비밀집회에 참석했다는 죄로 투옥되었다가 그 도시에서 추방되어 모진 고난을 겪으면서 천신만고 끝에 부자가 되었다고 한다. 이러한 일을 알게 된 와츠는 핍박이 무엇인지 알게 되었다.

  와츠는 신학과 철학의 저서도 남겼으나 그는 어려서부터 시작(詩作)에 뛰어나 그의 이름을 따서 아크로스틱 (acrostic, 각 줄의 첫 글짜를 따서 만든 시) 시를 썼다는 것은 유명한 일화이다. 여기에 그 원문을 소개한다.

> I am a vile polluted of earth;
> So I've contunued ever since my birth;
> Although Jehovah grace dose daily give me,
> As sure this monster Satan will deceive me
> Come therefore, Lord, from Satan's claws relieve me.
>
> Wash me in Thy blood, O Christ,
> And grace divine impart;
> Then search and try the corners of my heart
> That I in all things may be fit to do
> Service to Thee, sing Thy praises too.

  1692년 와츠의 나이가 18살 때 어느 날 주일 예배에 참석했을 때의 일이다. 예배드리는 모든 회중들이 열심으로 찬송가를 부르고 있을 때 와츠는 입을 다물고 있었다. 예배가 끝난 후 아버지는 와츠에게 다음과 같이 물어

보았다. "너는 왜 회중들이 찬송가를 부를 때 함께 부르지 않았느냐?" 이 질문에 대하여 와츠는 "다윗의 시편송에는 음악이 없고 운(韻)이 없기 때문에 이것을 한 줄 한 줄 부른다는 것은 무의미합니다"라고 대답했다. 그러자 아버지는 와츠에게 "만일 네가 다윗 왕보다 더 지혜가 있다면 네가 시를 한번 써보라"고 말했다.

그후 와츠는 한 찬송시를 썼는데 이것이 바로 와츠가 쓴 최초의 찬송시로서 영국 찬송가의 시초로 저녁 예배 때마다 와츠가 쓴 찬송시를 목사가 읽으면 회중들이 따라 읽었다. 그때부터 와츠는 목사의 부탁을 받고 주일마다 부를 찬송시를 써서 1709년에 그 동안 불어 온 것을 한데 묶어서 『찬송가와 영혼의 노래』(Hymn and Spiritnal Song)이라는 찬송가 집을 출판했다.

와츠가 26살 되던 1701년에 마크 레인 독립교회의 목사로 초빙되었을 때 그 교회의 신도들은 와츠의 시재와 신앙에 감동되어 극진하게 모셨다. 그러나 얼마 후, 와츠는 건강이 악화되어 그 교회에서 사임하려고 했으나 그 교회의 신도들은 부목사를 초빙하여 그로 하여금 목회일을 담당하게 하고, 건강이 허락할 때만 와츠 목사가 설교하도록 한 것이 22년 동안 계속되었다.

한편, 와츠 목사를 시발점으로 하여 이른바 "사람이 만든 찬송가"가 나오기 시작하여 우리는 와츠를 "영국 찬송가의 아버지"라고 부르게 되었다. 와츠는 "본래 다윗의 시편은 유대교의 시편이지 기독교의 것이 아니다"라고 말하여 기독교의 예배의 비중을 기독교의 복음에 두도록 노력했다. "동시에 다윗의 시편 가운데는 신약성서의 원리와 거리가 먼 것들이 있기 때문에 기독교인들의 환경과 거리가 너무 상이하다. 그러므로 만일, 우리들의 다윗의 시편을 가지고 찬송가를 만들어야 한다면 다윗이 구약시대에 유대인의 입장에서 쓴 것처럼 할 것이 아니라 18세기 기독교인의 입장에서 이것을 다시 고쳐 쓰지 않으면 안 된다"고 하였고 사람이 만든(作詩) 찬송가도 하나님에게 드리는 것이므로 예배드릴 때에 사용할 수 있다고 강조했다.

또한 다윗은 하나님이 다윗에게 영감을 주셔서 찬송시를 쓰게 하신 것이라고 믿고 이 일을 진행한 것이다. 물론 "와츠 목사가 영국 찬송가의 아버지"라고 말한 것은 그가 영국 찬송가의 처음 작가라는 말은 아니다. 다른 사람들은 아무도 모르게 비빌로 찬송가를 쓴 다음에 세상에 알려지지 않도록 그들은 혼자서 불렀으나 와츠 목사는 회중 찬송가의 이론을 처음으로 전개하여 회중들이 함께 부를 수 있도록 찬송가를 만들었다는 것이다. 와츠 목사가 18세기 작가들의 찬송가도 다윗의 시처럼 위대하고 예배드릴 때 사용할 수 있는 가치가 있다고 주장하여 많은 찬송가를 쓰도록 권유한 이유는 자국어로 된 찬송가로 하나님을 찬양하고 이와 동시에 시편을 사용하려면 시편을 기독교화하여 근대화해서 사용해야 한다고 주장했다.

그러나 이러한 와츠의 주장은 그 당시의 신학자들로부터 신랄한 비판을 받았는데, 그 이유는 시편을 고쳐서 쓴다는 것은 성서를 고치는 것과 같은 죄라는 것이었다.

그러나 와츠 목사는 자기의 주장을 굽히지 않았다. 이리하여 와츠 목사는 오늘날 우리들이 찬송시를 쓸 수 있게 한 사람인데 그 첫째가, 와츠 목사 자신이 쓴 사람이 만든 찬송가요 둘째가, 다윗의 시에 바탕을 두고 쓴 다윗의 시모방(Imitations of the Psalms)이다.

와츠의 찬송가가 시대와 교파를 넘어서 과거 200년 동안 비교적 영어를 사용하는 나라에서 즐겨 부르게 된 것은 그 작품이 훌륭하다기보다 보편성이 있고 그의 작품의 내용은 칼빈주의에 바탕을 둔 것은 두말할 것없고 성서적이고, 계시적이고, 개관적이고 하나님의 아들 구세주를 찬양하는 데 있기 때문이다.

10. 인간이 만든 찬송가

와츠 목사가 찬송시를 쓰기 시작한 지 18년이 지난 후, 그는 교회에서 예배드릴 때 찬송가를 부르기 위해서 회중들이 잘 아는 곡조에 자작시(自作詩)를 붙여서 회중들과 함께 부르기 시작했다. 그후 와츠 목사는 앞에서 말한 대로 1707년에 그동안 불러오던 찬송가를 한데 묶어서 『찬송가와 영혼의 노래』(Hymns and Spiritual Song)라는 이름으로 옛 시편 운율에 맞는 찬송가집을 발간하였다. 와츠 목사는 이 찬송가집 부록에서 "구약 시대의 찬송시와 신약 시대의 예수 그리스도에 관한 근대 찬송시"라는 새로운 창법을 제시했는데 이 찬송가집에는 오늘날도 온 세계에서 기독교인들이 예수님이 세상에서 고난당하신 것을 생각하며 부르는 "주 달려 죽은 십자가"(통일찬송가 147)가 수록되어 있다.

11. 다윗의 모방시

시편은 구약 시대부터 회중들이 예배드릴 때 그들이 영적인 생활을 하는 데 있어서 유일한 것으로 하나님과 교통하는 수단이었다. 그러나 다윗의 시를 모방하여 신앙의 찬송가를 만든 작가들은 시편의 내용을 바탕으로 하여 썼는데 그 가운데 한 사람이 바로 와츠이다.

와츠 목사가 다윗의 운율시(韻律詩)대신에 사용하기 위해서 찬송시를 발표했을 때 비교적 많은 국교도들은 와츠가 내놓은 찬송시에 확신을 가지고 사용했으나, 한편으로는 오직 시편만이 유일한 찬송가라고 주장하는 사람들도 있었다. 이리하여 와츠 목사가 다윗의 시편을 모방하여 찬송시를 만드는 데 10년이 걸렸는데 그것이 바로 1719년에 출판한 『기독교인의 예배를 위해 만든 신약성서의 언어를 모방한 다윗의 시』(*The Psalms of David Imitated in the Language of the New Testament and Applied the Christian State and Worship*)인데 이것은 운율역도 아니요 의역(意譯)도 아니다. 와츠 목사는 다만 다윗의 시에서 영감을 받고 쓴 것으로서 가능한 대로 원시(原詩)의 뜻에 가깝게 쓴 것이다.

이로 인하여 그후에 와츠의 『다윗의 모방시』는 일반 회중들에게 널리 알려져서 비국교도들까지도 스턴홀드나

홉킨스의 구역(舊譯)이나 테이트와 브래디의 신역(新譯)을 와츠가 쓴 『다윗의 모방시』를 대치하기에 이르렀다. 이리하여 1832년에 윈셀(James Wincell) 목사가 발행한 『찬송가집』 1,220 편 가운데 와츠 목사의 『다윗의 모방시』를 337 편이나 수록했다고 한다.

와츠 목사와 동시대의 찬송가 작가 가운데서 가장 두드러지게 활약한 두 사람을 소개한다.

애디슨(Joseph Addison, 1672-1719)

옥스포드 대학을 졸업한 후 관계(官界)로 진출하여 국무장관까지 되었으나 어렸을 때부터 문학에 소질이 있어서 친구인 스틸(Steel)과 함께 잡지와 신문에 논설 등을 투고하는 동시에 시와 각본도 썼다. 애디슨의 작품들은 대개 그가 이미 신문이나 잡지 등에 발표했던 것이다. 통일찬송가에 수록되어 있는 "저 높고 푸른 하늘과"(75)는 시편 19편 1-4절을 의역한 것인데 이 찬송시의 곡은 18세기의 작곡가 하이든(Haydn.F.J.)의 『천지창조』 가운데 있는 제13곡의 삼중창과 함께 부르는 합창곡을 미국의 교회음악가가 찬송가곡으로 편곡한 것이다.

도드리지(Phillip Doddridge, 1702-1751)

런던에서 태어난 도드리지는 그 조상이 보헤미안으로 루터파교회의 목사였다. 경건한 신앙생활을 하는 어머니에게서 종교교육을 받았는데 그가 어렸을 때 아버지가 세상을 떠난 후 영국 국교회의 목사가 될 기회가 있었으나 비국교회파 학교에서 신학교를 졸업하고 22살 때에 회중파 교회의 목사가 되어 그 신학교에서 교수로 있었다. 400 편이 넘는 그의 찬송시 가운데서 "목소리 높여서 (8)"와 "주의 말씀 받은 그 날"(209)이 통일 찬송가에 수록되어 있다.

1) 웨슬레 형제의 찬송가와 감리교 신앙운동

18세기의 영국에는 와츠 목사와 쌍벽을 이루는 또 한 사람의 위대한 찬송가 작가가 태어났다. 그 사람이 곧 찰스 웨슬레(Chanles Wesley)인데 그가 남긴 작품은 헤아릴 수 없이 많은 동시에 그 내용면에 있어서도 와츠 목사 못지않게 훌륭하다. 찰스 웨슬레는 그의 형인 존 웨슬레(John Weslety)와 함께 감리교운동의 지도자로서 널리 알려진 사람인데, 먼저 형 존 웨슬레에 관해서 살펴보겠다.

존 웨슬레(John Wesley, 1703-1791)

존 웨슬레는 영국 국교회 목사의 집안에서 태어나서 그의 동생 찰스 웨슬레와 함께 옥스포드 대학에 다니면서 같은 대학에 다니던 많은 친구들과 사귀면서 "신성 클럽"(Holy Club)이라는 종교단체를 결성하여 성서를연구하는 동시에 교회를 봉사하며 Methodist라는 단체의 지도자로 활약하였다.

존 웨슬레는 옥스포드 대학을 졸업한 후에 동생 찰스 웨슬레와 함께 그 당시 영국의 식민지였던 미국(America)

남부로 전도하기 위하여 1735년에 조지아로 갔다. 그러나 이 첫번째 전도 여행은 성공하지 못하고, 다음 해에 영국으로 돌아오는 길에 모라비아 사람들과 함께 배를 탔는데 그들의 경건주의적인 열성에 감동되어 큰 영향을 받고 존 웨슬레와 찰스 웨슬레는 생의 방향을 바꾸었다. 찰스 형제는1738년 5월에 성령을 체험하고 구원의 확신을 얻어 일반사회의 하층 계급에 있는 사람들에게 전도하기 시작하여 많은 사람들에게 감화를 주어 드디어 전도할 수 있는 계기가 되었다. 이 운동은 독일의 경건주의파와 같이 사람들의 마음을 움직여 성서를 가르치는 것으로 그 당시의 국교회와 대립하여 교회(예배당)라는 건물 안에서 설교하는 것이 아니라 거리나 야외에서 전도하면서 국교회를 떠나 Methodist 교회라고 부르기에 이르렀다. 정력적인 존 웨슬레는 말을 타고 영국의 전 국토를 돌아다니면서 복음을 전했는데 그가 다닌 거리는 약 50년 동안의 8,000킬로미터나 되는데 이것은 매일 두 번씩이나 설교했다는 결론에 이른다.

이러한 대역사는 그의 동생 찰스 웨슬레가 만든 찬송가의 공헌이 컸다. 다시 말하면 형인 존 웨슬레는 설교하고, 동생 찰스 웨슬레는 찬송가를 써서, 때로는 동생이 설교하고 형은 찬송가를 불렀다고도 한다.

존 웨슬레는 주로 독일어 찬송가를 번역하여 사용했는데 일반적으로 사람들은 동생 찰스 웨슬레가 만든 찬송가 가운데는 형인 존 웨슬레의 작품도 있다는 가능성도 있다고 한다. 존 웨슬레가 독일어를 영어로 번역한 찬송가는 주로 경건주의파의 것이지만 퍽 자유스럽게 번역한 것으로 원문에는 없는 부분을 첨가해서 만든 것도 있는데 그것은 존 웨슬레가 정열을 가지고 번역한 것으로 그 특색이 있다고 한다.

그 당시의 영국은 정치, 사회, 종교적으로 부패하기가 이를 데 없었다. 영국 국교회의 성직자들은 그들의 성직감(聖職感)을 떠나서 치부하는 데만 혈안이 되어 돈으로 성직을 팔고 사는 일을 하여 저마다 많은 교구를 가지려고 했다. 이리하여 거리에는 술집만 늘어났고 한편으로는 어린이들의 사망율이 증가했으나 국교회 당국에서는 아무런 대책도 세우지 않고 있었다.

찰스 웨슬레(Charles Wesley, 1707-1788)

19명의 형제 가운데 18번째의 아들인 찰스 웨슬레는 그의 형인 존 웨슬레의 둘도 없는 협력자였을 뿐만 아니라, 영어 찬송가 작가들 가운데서도 가장 위대한 사람이었다. 모든 종교개혁자들이 종교개혁을 성취하는 데 있어서 가장 큰 힘이 된 것은 찬송가였다. 예를 들면, 전쟁을 할 때는 군가, 놀이를 할 때는 노래, 부흥회 때에는 힘찬 부흥성가를 부르는 것과 마찬가지이다. 찰스 웨슬레는 질적으로나 양적으로 전대미문의 찬송가 작가로서 옥스포드 대학을 졸업한 후에 그의 형 존 웨슬레의 설득으로 미국에 전도 여행을 갔다가 그곳에서 모라비아파의 경건주의운동의 영향을 받고 1738년 5월 21일, 성령강림절에 갑자기 마음이 뜨거워져서 회개했다고 그의 일기에 기록한 것을 볼 수 있다.

나흘이 지난 후 5월 24일에 그의 형 존 웨슬레도 마음이 이상하게, 뜨거워짐을 느끼고 그들 형제는 영국의 신앙부흥운동을 위해서 많은 위험과 고난을 당하면서 그 일을 전개했다. 이리하여 찰스 웨슬레는 그의 형이 설교할 때 부르기 위해서 매주 수편의 찬송시를 썼는데 그 수가 6,500 편 이상이나 된다고 한다. 19세기 말에 발행한 『찬송가학 사전』(Dictionary of Hymnology, John Julian, 1839)에서 존 줄리안은 "찰스 웨슬레는 양과 질에 있어서 고금을 통하여 최대의 찬송가 작가"라고 말했는데 현재도 약 500 편의 찬송가가 감리교를 비롯하여 세계 각국의 개신교에서 사용하고 있다.

찰스 웨슬레는 여러 가지 시형을 자유롭게 사용하여 변화와 정열을 가지고 찬송시를 썼다. 사회가 부패하여 타락했을 때 신앙부흥운동을 위해서 시편가는 부적당하다고 생각한 찰스 웨슬레는 와츠와 같은 새로운 창작 찬송가가 절대적으로 필요하다고 생각했으나 그때에 대중들을 위한 찬송가가 많이 없었다. 이리하여 존 웨슬레는 모라비아파의 코랄 선율을 이용하려고 했으나 그것은 영어 찬송가에는 적당하지 않아서 성공하지 못했다.

이때, 다행히 영국에서 활약하던 헨델(Handel G. F. 1685-1759)이 감리교도들을 위해서 찬송곡 세 곡을 작곡하여 널리 불려졌는데 그 가운데서 "내 주는 살아 계시고" (통일 찬송가 16장)와 "주님께 영광"(155)은 오늘날도 널리 불려지고 있다. 이러한 정열적인 신앙운동을 위해서 찬송가를 중요하게 생각한 감리교는 "노래하는 감리교"라고 불릴 정도로 영국에 있는 교회 가운데서 독특한 전통을 수립하게 되었다.

어느 학자가 "찰스 웨슬레의 찬송가는 감리교 신학의 지침"이라고 말한 것처럼 그의 찬송가는 당시 영국의 비국교도파의 주류를 이루었던 청교도들의 칼빈주의 신학과는 다른 특색을 표현했다고 볼 수 있다. 칼빈주의 신학의 특색이라고 할 수 있는 예정설(하나님은 구원할 사람은 미리 예정하고 있으므로 사람의 노력에 의해서 구원받을 수 없다는 설)과는 달리 웨슬레는 하나님의 용서(구원)하심은 그리스도가 지신 십자가로 말미암아 모든 사람이 구원받을 수 있는지 없는지는 그 구원을 받아들이는 사람의 결단에 의해서 이루어 진다는 것이다. 그러므로 찰스 웨슬레의 찬송가에는 죄인들이 회개하는 내용(말)과 구원받은 사람은 새로와진다는 내용으로 가득 차 있다. 그러므로 와츠를 대표하는 칼빈주의적 신앙의 찬송가와 비교하면 웨슬레의 찬송가는 주관적이고 개인적이라고 한다면, 와츠의 객관적인 찬송가는 서로 장단점이 있는 것도 사실이다.

12. 웨슬레 시대의 찬송가 작가들

웨슬레 형제의 감리교운동(Methodist Movement)은 일종의 신앙부흥운동이지만 한편으로는 부패해 가고 있던 영국과 국민들의 마음에 새로운 믿음의 눈을 뜨게 하는

데 그 목적이 있었다. 그리하여 그 운동은 감리교회파들뿐만 아니라 다른 교파들에게도 파급되어 찬송가를 창작하는 일에 큰 자극을 주어 이때에 많은 찬송가 작가들이 나타나기 시작했다.

세닉(John Cennick, 1718-1755)

퀘이커파 출신인 존 세닉은 웨슬레의 메도디스트파에 가담하여 함께 일하다가 이들은 의견 차이로 웨슬리와 헤어진 후에 조지 위더(George Wither)와 행동을 함께 하면서 모라비아파로 옮긴 것으로 보아 종교적인 확신이 없는 사람으로 보일는지 모르지만 그는 신앙의 내면성을 존중하여 개인의 구원을 중요하게 생각하는 경향이 있었다. 세닉의 찬송가가 그 당시에는 많이 불려졌으나 오늘날에는 그리 많이 불려지지 않는다.

바이롬(John Byrom, 1692-1763)

영국 국교회의 회원인 바이롬은 속기법의 발명자로서 그 당시 국왕 조지 Ⅱ세(George Ⅱ)로부터 발명 특허권을 받았다. 옥스포드 대학에 다닐 때 이 속기법을 배운 웨슬레 형제, 특히 동생 찰스 웨슬레는 속기를 매우 잘 해서 말을 타고 전국을 다니면서 전도할 때 쓴 찬송시의 대부분은 이 속기에 의한 것이라고 한다.

영국인으로서는 지나치게 키가 큰 바이롬은 등이 좀 굽었고 시인으로서는 그 이름이 잘 알려져 있지 않았으나 라틴어, 프랑스어, 독일어 등의 찬송가를 영어로 번역한 것이 많다.

앤 스틸(Ann Steele, 1716-1788)

침례교회파의 찬송가 작가 가운데서 일류급일 뿐만 아니라 영국 여류 찬송가 작가로서 저명한 사람이다. 아버지가 목재상을 운명하면서 침례교회에서 무보수 설교자로 일하던 영국 브로턴에서 일생을 마친 스틸 여사는 그녀가 결혼식을 몇 시간 앞두고 약혼자가 물에 빠져 죽었다는 소식을 듣고 실의에 빠져 있었으나 절망하지 않고 144편의 찬송시, 34편의 성시 그리고 30편이 넘는 시를 써서 1760년에 "테오도시아"라는 필명으로 출판했다. 그녀의 작품 가운데 하나인 "사랑의 하늘 아버지"(239장)가 통일 찬송가에 수록되어 있다.

윌리엄즈(William Williams, 1717-1791)

웨일즈의 랜도베리(Llandovery)의 부자 농가에서 태어난 윌리엄즈는 "웨일즈의 아름다운 가수"(Sweet Singer of a Wales)였다고 전해진다. 그는 처음에 의학을 공부하려고 린리드 아카데미(Llwynllwyd Academy)에 입학했다가 해리스(Howell Harris)의 설교를 듣고 감화되어 성직자가 되기로 결심했다. 그후 1738년에 어느 교구의 부제로 임명되었으나 복음주의사상으로 기울어져 국교를 떠나서 웨일즈의 칼빈주의 감리교회로 전향했다. 그리하여 그는 웨일즈 전역을 순회하며 복음을 전하는 한편, 웨일즈어로 808여 편, 영어로 100여 편의 찬송시를 작사했다. 루이스

(Albert Louis)는 윌리엄즈에 관해서 "독일에는 게르하르트 (Paul Gerhardt)가 있고 잉글랜드에는 와츠(I. Watts)가 있는 것처럼 웨일즈에는 윌리엄즈가 있다"고 격찬했다.

웨일즈의 찬송가는 통일 찬송가에 "나그네와 같은 내가"(422)와 "전능하신 여호와여"(451)가 수록되어 있다.

에드워드 페로넷(Edward Perronet, 1726-1792)

영국 국교회 성직자의 아들로 태어났는데 그의 할아버지는 프랑스계의 위그노(칼빈파 신교도) 교도로서 영국에 망명했다. 아버지는 웨슬레 형제와 화이트필드(Whitefield, 1714-1770)의 열렬한 지지자로서 찰스 웨슬레의 충실한 동역자였으나 후에 그와 뜻이 맞지 않아서 만년에는 캔터베리의 독립교회 목사가 되었다. 통일 찬송가에 수록되어 있는 "주 예수 이름 높이어"(36,37)는 본래 부활절을 위한 찬송가였는데 이 찬송가의 가사와 곡이 너무 웅장하여 온 세계에서 널리 불려지기 때문에 일반적으로 불려지게 되었다.

포세트(John Fawcett, 1739-1817)

"주여 복을 비옵나니"(61)와 "주 믿는 형제들"(525)의 작사자인 포세트는 화이트필드의 설교를 듣고 감화되어 감리교회에 다니다가 1758년에 브래드포드 침례교회로 옮겼다. 그후 1763년에 침례교회 목사가 되어 웨인즈게이트와 헴덴브리지교회에서 목회하면서 그의 집에서 어린이들을 교육하기도 했다. 1793년에 브리스톨 침례교 신학교에서 교장으로 초빙했으나 사양하였고 오직 목회와 찬송시를 쓰는 일에만 열중했는데 그의 작품은 160여 편이 있다.

톱레이디(Augustus Montague Toplady, 1740-1778)

아버지가 군인인 톱레이디는 감리교 전도대원의 설교를 듣고 감화되어 신학을 공부한 후 영국 국교회의 사제가 되었으나 후에 칼빈주의로 전향했다. 태어나면서 몸이 허약했던 톱레이디는 전도하는 일에 열심을 다하면서 한편으로는 웨슬레 신학 논쟁에도 가담했다고 한다. 그는 약 500 편의 찬송가를 작곡 작사했는데 여기에는 창작도 있고 개작한 것들도 있다. 오늘날 온 세상에서 널리 불리는 "만세반석 열리니"(188)와 "고요한 바다로"(503)가 통일찬송가에 수록되어 있다.

13. 뉴톤과 구퍼(John Newton, William Cowper)

이상과 같이 찬송가 작가들이 많이 나타나기 시작하여 18세기 후반의 영국은 점점 새로운 찬송가를 사용하는 일이 많아져서 각지에 있는 교회에서는 제나름대로 찬송가를 편집하여 사용하게 되었다. 이렇게 찬송가를 편집한 찬송가 가운데서 가장 특색있는 것이 뉴톤 목사와 구퍼 시인이 편집한 *Olney Hymnus*인데 여기에는 쿠퍼의 찬송시 67 편과 뉴톤 목사의 찬송시 281 편을 합해서 348 편으로 만들었다.

카우퍼(William Cowper, 1731-1800)

영국 조지 Ⅱ세(George Ⅱ)의 전속 사제였던 아버지 존 카우퍼(John Cowper)와 시인 존 돈(John Done) 가문 출신인 어머니 사이에서 태어났다. 그는 웨스트먼스터 학교에서 법학을 공부한 후에 법원에서 일했으나 변호사 개업은 하지 않았다. 그후 상원에서 의회 서기로 재직했으나 상원에서 심사받는 모든 일에 회의를 느끼고 정신질환과 심한 우울증에 걸려서 일생 동안 그 증세에서 시달리며 살았다. 1767년에 올리(Olney)로 거처를 옮겨 그곳에서 19년 동안 뉴톤 목사와 함께 문필 활동에 종사하면서 두 사람의 유명한 *Olney Hymnus*(1779)를 공동으로 번역하여 출판했는데 그의 찬송시 "주 하나님 크신 능력"(80), "샘물과 같은 보혈은"(190), "귀하신 주님 계신 곳"(243)이 통일 찬송가에 수록되어 있다.

뉴톤(John Newton, 1725-1807)

영국 런던에서 선장의 아들로 태어났으나 그가 일곱살 때 어머니가 세상을 떠나고 아버지가 재혼한 후에 그는 아버지를 따라 뱃사람이 되었다. 그리하여 뉴톤은 매우 반항적이고 방탕한 생활을 하면서 서아프리카 등지를 왕래하면서 노예들을 잡아다가 노예 무역상인들에게 파는 생활을 하다가 결국 자신이 노예 무역상선의 선장이 되었다. 이러한 생활을 하던 중, 1748년 3월 10일에 아프리카에서 영국으로 돌아가는 길에 심한 폭풍을 만나 죽을 수밖에 없게 되었을 때 토마스 아켐피스(Thomas á Kempis) 의 『그리스도를 본받아』(*Imitation to Christ*, 우리나라 말로 번역됨)를 읽고 감화를 받아 예수를 믿게 되었다. 그후 1764년(39세)에 영국 국교회에서 사제로 서품을 받고 올리 성당에서 16년 동안 봉직하다가 1780년에 성 메리 울노드(St. Mary's Woolnoth) 성당의 신부가 되어 80세 때까지 봉직했다.

뉴톤의 찬송시 "지난 이래 동안에"(56), "귀하신 주의 이름은"(81), "시온성과 같은 교회"(245), "나 같은 죄인 살리신"(405) 등이 수록되어 있다.

6
19세기 영국 찬송가

6

19세기 영국 찬송가

　18세기의 계몽주의에 대항해서 인간의 감정을 중요시하는 낭만주의가 19세기에 접어들면서 유럽 지역에서 일어났다.

　전 세기 고전주의에 대항하는 예술상의 낭만주의는 이성으로부터 감정으로 옮겨져서 객관성을 중요시하는 것보다 오히려 주관성을 중요시하기에 이르렀다. 이러한 경향을 이 시대의 문학이나 예술, 또한 음악뿐만 아니라 철학이나 종교 분야에도 나타났다.

　영국의 시인들, 예를 들면 워즈워드(William Wordsworth), 스코트(Walter Scott), 바이론(George Gorden Byron) 등이 그 대표적인 인물이었고 유럽의 음악계에서는 슈베르트(Franz Peter Schubert), 베버(Carl Maria Weber), 멘델스존(Felix Mendelsshon), 쇼팡(Frederic Francois Chopin),

리스트(George Friedrich List) 등과 그 다음으로 바그너(Richard Wagner), 브르크너(Anton Bruckner), 말러(Gustav Mahler) 등의 작품을 살펴보면 대체로 19세기의 문학이나 음악의 경향이 영국 찬송가에 영향을 끼쳤음을 알 수 있다.

여기에서 영국 찬송가 작가들은 오랜 동안의 시편가 시대 이후에 18세기의 와츠(Isaac Watts)나 웨슬레(Charles Wesley)와 같은 비국교회 계통의 사람들의 영향을 받았다는 것은 이미 앞에서 말한 바 있다. 그런데 19세기에 이르러서는 그와 반대로 영국 국교의 찬송가 작가들이 중심이 되었거나 혹은 문단을 지배하던 낭만주의가 찬송가에도 영향을 끼쳐서 지금까지는 교훈적이고 실용적이던 찬송가가 문학적으로 세련된 면을 띠게 되었다.

1. 19세기 전반의 영국 찬송가

먼저 19세기 영국 찬송가에 새로운 바람을 일으킨 선구자는 히버(Reginald Heber, 1783-1826)이다.

히버는 영국 서부에 있는 체셔(Cheshire)주에서 태어나서 옥스포드 대학에 다닐 때 몇 편의 라틴어 시를 번역하여 그의 재능과 능력이 인정되어 문학상을 받은 일도 있다. 1807년에 영국 국교회에서 목사 안수를 받고 호드네트(Hodnet) 교구 목사로 임명되어 16년 동안 봉직하는 동안에 많은 시를 썼으며, 선교의 소명감을 느끼고 1823년에 인도로 가서 그곳에서 주교로 일하다가 3년 후인 1826

년, 그의 젊은 나이 33살 때 세상을 떠났다.

히버가 목사 안수를 받고 목회할 때에 영국 국교회에서 회중이 부르기 쉬운 좋은 찬송가가 없었다. 그리하여 히버는 이러한 사실을 항상 생각하면서 걱정하는 가운데, 바로 그때에 호평받고 있던 뉴톤과 쿠퍼의 『올니 찬송가집』 (Olney Hymnus)를 교회에서 사용했더니 의외로 그 찬송가에 감화되어 교회에 나오는 회중들이 점점 늘어났다고 한다. 이리하여 히버는 그때부터 힘을 얻어 찬송시를 쓰면서, 한편으로는 많은 사람들의 시를 수집하여 찬송가집을 만들었으나 그때만 해도 그러한 일을 하기 위해서는 소속 교구 주교의 출판 허가를 받아야 했으므로 그때는 사용하지 못하다가 히버 목사가 세상을 떠난 후에야 예배를 위한 찬송가집으로 출판하였다(1827).

이 가운데는 1827년 이후에 온세계의 교인들이 즐겨 부르는 찬양과 경배의 찬송가인 "거룩, 거룩, 거룩"(Holy, holy, holy, Lord God Almighty)은 히버가 요한 계시록 4장 8-11절 말씀을 의역(意譯)한 것인데 동서고금을 통해서 최대의 걸작으로 인정받고 있다. 그런데 이 찬송가의 곡은 그 당시 영국의 대표적인 찬송가 작곡가였던 다익스(John Bacchus Dykes)가 운율적으로나 형식에 있어서 가사와 곡이 완전무결하게 짜여진 대표적인 찬송가라고 후대의 찬송가 학자들은 격찬하고 있다. 그런데 이 찬송가의 곡명을 "NICAEA"(소아시아에 있는 지명)라고 붙인 것은 삼위일체의 교리가 확정된 니케아 공의회의 이름을 따서 붙인 것이다.

히버의 많은 찬송시 가운데 "저 북방 얼음산과"(From Greenland's icy mountains, 273)는 그 찬송가 제목이 표현하는 대로 "예수님의 복음"을 모르고 있는 나라 이름과 그 풍경을 구체적으로 묘사한 것으로 보아 땅끝까지 복음을 전해야 되겠다는 그의 뜻을 강하게 나타낸 것을 알 수 있다.

몽고메리(James Montgomery, 1771-1854)

몽고메리는 19세기 전반기에 있어서 영국의 위대한 찬송가 작가 가운데 한 사람이었다. 모라비안파 선교사 가정에서 태어난 몽고메리는 학교에 다닐 때 성적이 너무 나빠서 학교를 중퇴하고 제과점에서 일하다가 그 일도 변변하지 못해서 이리 저리 일터를 옮기면서 다니다가 우연한 기회에 런던에 있는 어느 신문사에서 신문 편집하는 일에 종사하게 되었다. 이러한 인연으로 몽고메리는 그때에 일어나고 있던 사회개혁운동에 적극적으로 가담하여 활동하면서 프랑스혁명을 찬양하는 기사(記事)를 신문에 발표한 것이 화근이 되어 정부 당국에 의해서 투옥되었으나 자기의 소신을 끝까지 굽히지 않고 주장한 것이 오히려 화가 복이 되어 국왕으로부터 나라에서 지급하는 연금을 받게 되었다. 비록 몽고메리는 학교의 성적은 나빴으나 10살 때부터 시를 쓰는 일에는 재능이 있어서 많은 사람들로부터 인정을 받았다. 몽고메리는 그의 생애 동안에 400 편 이상의 찬송시를 썼는데 영국 찬송가 작가로서는 웨슬레나 와츠 다음으로 그의 찬송가가 세계의 모든 교회에서 널리 불려지고 있는데 우리 나라 통일 찬송가에는 여섯 편만 수록되어 있는 것이 아쉽다.

몽고메리의 찬송시가 통일 찬송가에 수록되어 있는 것은 다음과 같다.

"거룩하신 하나님"(10), "영광 나라 천사들아"(118),

"새 예루살렘 복된 집"(225), "사랑하는 주님 앞에"(278),

"시험 받을 때에=시험당할 때에"(443),

"이 곤한 인생이" (536).

엘리오트(Charlotte Eliot, 1789-1871)

드물게 있는 여성 찬송가 작가로서 영국 국교회 가정에서 태어난 엘리오트는 세상에 태어나면서부터 몸이 약하였으나 감정이 풍부한 사람이었다. "구주 탄생하심"(108)을 작곡한 말란(Henri Abraham Cesar Malan, 1787-1864)의 말을 듣고 회개하여 몸은 비록 허약했으나 오래 살면서 많은 찬송시를 썼다. 통일 찬송가에는 "큰 죄에 빠진 날 위해"(339)가 수록되어 있다.

그랜트(Robert Grant, 1779-1838)

케임브리지 대학을 졸업한 후 얼마 동안 변호사로서 일하다가 국회의원이 되었다. 영국 국교회원인 그랜트는 1834년에 기사(Knight)의 서품을 받고 인도의 폼페이 총독으로 임명되어 4년 동안 근무하다가 실종되었다. "영광의 왕께 다 경베하며"(31)라는 제목으로 통일 찬송가에 수록되어 있다.

보우링(John Bowring, 1792–1872)

보우링은 시대적인 사상을 반영한 찬송가 작가로서 뿐만 아니라 정치가와 외교관으로서도 활약했다. 영국 남서부에 있는 엑세터주에서 태어난 보우링의 가정은 양피 공장을 경영하여 외국과 관계를 많이 했으므로 자연히 어학을 배우게 되어 16살 때에 5개 국어에 능통하여 90살이 될 때까지 200개의 국어를 해독하고 100개의 나라 말을 할 수 있는 어학의 천재였다. 그 외에도 생물학, 자연과학, 재정학에도 관심이 있어서 그의 생애의 후반은 정치, 외교계에 투신하여 국회의원에 두 번이나 당선되었고 영국 영사로서도 7개국에 파견되어 일했다. "우리 구주 나신 날"(121)과 "주가 지신 십자가를"(148) 두 편이 통일 찬송가에 수록되어 있다.

스토웰(Hugh Stowell, 1799–1865)

옥스포드 대학 출신인 스토웰은 영국 국교회의 사제로 여러 교회에서 시무하면서 훌륭한 설교자로서 알려진 사람이다. 특히 어린이 주일학교에 관심이 많아서 몇 편의 찬송시를 남겼는데 "이 세상 풍파 심하고"(247)가 통일 찬송가에 수록되어 있다.

무어(Thomas Moore, 1779–1852)

아일랜드의 더블린에서 태어난 무어는 법학을 공부했으나 오히려 시인으로서 알려진 사람이다. 그의 작품 형식은 앞에서 말한 스토웰의 시와 유사한 점이 많은데 "목마른

자들아"(316)가 통일 찬송가에 수록되어 있다.

2. 옥스포드운동과 찬송가

19세기 영국 찬송가에 큰 변혁을 일으킨 찬송가 작가들은 1830년대부터 약 30년 동안 종교계에 큰 영향을 미친 옥스포드운동의 선구자들이었다. 옥스포드운동은 자유주의 또는 사회주의적 종교사상에 반대하여 일어난 운동인데 그 대표적인 지도자는 옥스포드 대학의 헨리 뉴만(Newman J. Henry)이었다.

이 운동은 19세기 중엽에 일어난 것으로 그 당시 혹은 그 이전부터 일어난 대중 전도를 위한 부흥운동이 영국 정계(政界)와 영국국교회에까지 파급되어, 사도전승(使徒傳承)을 중요시하는 국교회는 그들의 존립(存立)의 위기를 느끼고 여기에 대항해서 일어난 운동이다. 그리하여 국교회는 그들의 교회개혁의 방향을 예배의 경건성과 신앙생활을 강조하여 종교개혁 이전의 카톨릭교회 예배의식으로 복귀하려고 했다.

이리하여 그들은 예배와 예전(禮典), 그리고 예배의식문 등에 중점을 두고, 예배는 장엄하고 엄숙하고 기도서를 재인식하여 교회력에 의한 예배의식문을 중요시하게 되어 예전주의적인 강한 경향이 찬송가에도 반영되었다.

미국의 찬송가 학자인 벤슨(Louis F. Benson)은 신앙부흥운동의 찬송가(복음성가 등)는 다시 말하면 "신자들의 소리"로서 그들의 내면적인 반영에 있는 것에 대하여 옥스포드운동가들의 찬송가는 "예배드리는 교회의 찬송가"라고 말할 수 있다"고 말했다. 또한 신앙부흥운동의 찬송가는 대중적이고 공동적이고 객관적인 신앙고백의 노래라는 데 그 특징이 있으므로 순수 복음주의적인 찬송가가 내용적으로는 자유스러운 반면에 예전주의적인 찬송가는 정해진 용도에 따라서 그 내용이 한정되어 있는 것이 특징이다.

그러면 이 운동에 가담하여 활약한 찬송가 작가와 찬송가 영역자(英譯者)들을 살펴보겠다.

케블(John Keble, 1792-1866)

케블은 영국 글룩스 페어포드(Gloucs Fairford)에서 부사제의 아들로 태어나서 아버지로부터 기초 교육을 받은 후에 옥스포드에 있는 Corpus Christ College를 거쳐서 15살 때 옥스포드 대학에 입학하여 졸업할 때는 영어와 라틴어의 논문으로 상을 받았다. 그후 케블은 1815년에 성직자로 안수를 받고 1831년부터 1841년까지 옥스포드 대학에서 신학 교수로 지냈다. 1833년부터 1841년까지는 옥스포드운동을 위해서 몇 권의 저서를 출판했는데 그 가운데서 유명한 것이 『교회력』(The Christian Year)이다. 여기에는 일년 동안의 주일과 축일(祝日)을 위한 성서구절에 관한 명상이 수록되어 있는데 케블은 이 책을 1827년에 익명으로 출판했다.

존 뉴만(John Henry Newman, 1801-1890)

"내 갈 길 멀고 밤은 깊은데"(통일 찬송가, 429)의 작시자인 뉴만은 런던 은행가의 집에서 태어나 옥스포드 대학을 우수한 성적으로 졸업하고 국교회 사제가 되어 1828년에 모교회의 성 마리아 교회 목사가 되어 젊은 나이에 명설교가로 널리 알려졌다. 케블과 함께 옥스포드운동 캠페인을 주도하면서 영국국교회 안에서 이른바 고교회주의에 의해서 교회 전승을 존중하는 일을 추진했다. 따라서 뉴만은 카톨릭교회의 교의(教義)에 이끌려 1845년에 카톨릭교회로 전향하여 그 당시 영국국교회에 큰 파문을 일으켰다. 그후, 뉴만은 아일랜드의 더블린 카톨릭 대학 학장으로 있다가 1879년에 카톨릭교회의 추기경으로 임명받았다. 뉴만의 대표적인 작품인 "내 갈 길 멀고 밤은 깊은데"는 온세계에서 사랑받는 찬송시이다. 이 찬송시에 19세기 영국의 대표적인 교회음악가인 다익스(J. B. Dykes)가 작곡하여 더욱 유명해졌다.

파버(Frederick William Faber(1814-1863)

잉글랜드의 요크셔 캘벌리(Calverly Yorkshir)에서 장로교 목사의 아들로 태어나서 슈르즈베리(Shrewsbury)와 해로우(Harrow) 학교와 옥스포드의 발리올(Balliol)과 유니버시티 대학에서 교육받은 파버는 엄격한 칼빈주의자로서 카톨릭교회를 비판하는 논문을 발표하였는데 후에 뉴만의 영향을 받고 옥스포드운동에 가담하여 열렬한 지지자가 되었다. 그리하여 1846년에 카톨릭교회로 개종하였다. 파버는 뉴톤과 카우퍼가 공동으로 펴낸 『올니 찬송가집』(*Olney Hymnus*, 1779)을 보고 감명을 받고 이것이 계기가 되어 카톨릭교회를 위해서 150 편의 찬송시를 썼는데 이 모든 찬송시들은 파버가 로마 카톨릭교회로 개종한 후의 작품들이다. 파버의 찬송시 "성도들아 다 나아와"(140)와 "환난과 핍박 중에도"(384)가 통일 찬송가에 수록되어 있다.

프록터(Adelaide Anne Procter, 1825–1864)

프록터는 여성 시인으로 옥스포드운동의 영향을 받고 이 운동에 가담한 사람으로 알려졌다. 아버지로부터 문학 교육을 받고 그 당시의 소설가 디킨즈(Charles J. Huffam Dickens)와 수필가요 시인인 레임(Charles Lamb, 1775–1834)와 사귀면서 도움을 받아 문단에 데뷔했다. 프록터는 26살 때 카톨릭 교인이 되었는데 그녀의 찬송시는 대개 그때의 작품이다. 그런데 그녀의 시는 시정이 넘치는 작품이 많은데 그 가운데서 찬송시는 아니지만 그녀의 대표적인 종교시 "잃어버린 화현"(*The Lost Chord*)는 너무나 유명하다.

통일 찬송가에는 수록되어 있지 않지만 고전적인 찬송가를 영어로 번역하는 일에 공헌이 많은 사람은 다음과 같다.

닐(John Mason Neale, 1818–1866)

영국국교회의 성직자로서 그가 케임브리지 대학에 다닐 때 종교시에 관한 상을 열한번이나 받았다. 건강이 좋지 않았던 닐은 고교회주의자였으므로 교회 안에서는 지도자적인 인물이 아니었으나 20개 국어에 능통하여 학식이 풍부했고 한편으로는 교회사와 교회 건축에 관해서도 많은 저서를 남겼다. 따라서 헬라어와 라틴어의 고전적인 찬송가를 많이 영어로 번역했다.

윙크워드(Catherine Winkworth, 1827—1878)

런던에서 태어난 윙크워드는 그의 교육을 가정교사로부터 받았다. 한때 독일에 있는 드레스덴에서 큰 어머니와 함께 지내면서 독일어를 배운 일이 평생 동안 독일어에 관한 일을 하게 되었다. 특히 『리라 게르마니카』(*Lyra Germanica*, 1853)라고 이름붙인 독일 찬송가의 영역집(英譯集) 두 권은 그 당시에 널리 보급되어 그때까지 알려져 있지 않던 독일 찬송가를 영어로 번역하여 소개한 것 뿐만 아니라 영국 안에 독일 찬송가에 관한 관심을 불러 일으켰다.

3. 빅토리아조 시대의 찬송가

19세기 후반에는 빅토리아 여왕(Victoria, 1837—1901 재위)이 영국을 다스린 시대인데, 이때 영국은 국력이 가장 부강하여 세계 여러 곳에 식민지를 가지고 있었다. 이와 동시에 영국 찬송가는 19세기 전반기 이후에 발전하기 시작하여 1840년대부터 번역 찬송가가 쏟아져 나오기 시작했다. 이리하여 새로운 예전법(禮典法)과 경건한 생활, 개인적인 신앙 체험, 인본주의가 반영된 찬송가 작가들이 나오기 시작했다.

이 시대의 영국 찬송가 작가들과 작품, 그리고 교파별로 살펴보겠다.

고교회파의 찬송가

영국에서 일어난 옥스포드운동은 영국국교회에도 큰 영향을 끼쳐서 그 운동을 지지하고 따르는 단체가 생겼는데 이 단체를 곧 고교회주의라고 한다.

휘팅(William Whiting, 1825-1878)

런던에서 태어난 휘팅은 그의 모교인 윈체스터대학(Winchester) 부속학교, 다시 말하면 14세기 이후로 전통있는 성가대원을 양성하는 학교에서 교장으로 봉직 했다. 그의 작품 "영원하신 아버지여 구원하소서"(*Eternal Father, Strong to save*)는 바다에서 일하는 선원들을 위해서 쓴 것이다. 중세 라틴어 찬송가의 전통적인 형식으로 된 이 찬송가는 연도형식(連禱形式)으로 되어 있는데 각 절이 성부, 성자, 성령으로 시작된다. 다시 말하면 다익스(J. B. Dykes)와 같은 힘있는 작곡가의 곡으로서 해양국다운 영국 찬송가이다. 사도 바울이 지중해에서 풍랑을 만났으나 구사일생으로 살아나서 상륙한 섬 이름(사도행전 28장)을 따서 "멜리데"(MELITA)라고 곡명을 부친 그의 작품은 미국에서 오늘날에도 널리 불리어 "해군 찬송가"라고도 하는데 1963년에 암살당한 케네디 대통령의 장례식에서도 불렀다고 한다.

포트(Francis Pott, 1832-1909)

옥스포드 대학을 졸업한 영국국교회의 성직자인 포트는 런던 교외에서 태어난 고교회주의자였다. 그는 여러 지역의 작은 교회에서 목회했는데 귀가 잘 들리지 않아서 목회생활을 그만두고 찬송가의 발달에 관한 『고대와 현대 찬송가』(Hymns Ancient and Modern)을 발간했다. 시리아어와 라틴어의 고전적인 찬송가를 영역(英譯)하는 일에 공헌이 많으므로 창작보다 오히려 번역하는 면에서 널리 알려졌다. 통일 찬송가에 수록된 "싸움은 모두 끝나고"(156)는 라틴어 찬송가를 영어로 번역한 것이다.

몬셀(John Samuel B. Monsell, 1811-1875)

아일랜드의 런던데리(Londonderry)에서 국교회의 부주교의 아들로 태어난 몬셀은 트리니티 대학에서 신학을 공부한 후 1834년에 사제로 서품을 받았다. 그후, 몬셀은 아일랜드의 여러 교구에서 활동하다가 영국으로 건너가서 에그함(Egham) 교구의 대리 사제를 지난 후 1870년에 길드포드(Guildford)의 성 니콜라스 성당의 주임 사제가 되어 성당 보수 공사를 하다가 지붕에서 떨어진 돌에 맞아 뜻하지 않게 세상을 떠났다. 몬셀은 300 편에 가까운 찬송시와 11권의 시집을 발간했는데 특히 몬셀은 찬송가를 부르는 것에 관하여 "우리는 항상 즐겁고 기쁜 마음으로 찬송가를 불러야 한다. 우리는 하나님을 찬양할 때 너무 소극적이므로 우리는 이러한 태도를 버리고 하나님에게 진심으로 감사의 찬양을 드려야 한다"고 항상 역설했다. 몬셀의 찬송시가 "거룩한 주님께"(11), "저 산 너머 먼 동튼다"(165), "논밭에 오곡백과"(309)라는 제목으로 통일 찬송가에 수록되어 있다.

스톤(Samuel John Stone, 1839-1900)

아버지의 뒤를 이어 국교회의 사제가 된 스톤은 옥스포드 대학을 졸업하고 윈저(Windsor)에서 8년 동안 목회한 후에 런던 동부에 있는 빈민가에서 30년 동안 일하면서 두 개의 교구를 맡아서 목회했다. 그 당시에는 자전거가 발명되지 않아서 삼륜차를 타고 다니면서 청소년들을 상대로 하여 전도하다가 만년에는 사무실이 밀집해 있는 지역에서 전도활동을 했다. 스톤이 윈저에서 목회할 때 교인들이 항상 기계적으로 "사도신경"을 외우는 것을 걱정하다가 "사도신경"을 열두 부분으로 나누어서 찬송가를 작곡했는데 그 가운데 한부분이 통일 찬송가에 수록되어 있는 "교회의 참된터는 "(242)이 바로 "거룩한 공회와 성도가 서로 교통하는 것"을 기초로 하여 만든 것이다.

거니(Dorothy Frances Blomfield Gurney, 1858-1932)

거니 여사는 영국 런던에서 성 앤드류 언더샤프트(St. Andrew Undershaft) 성당의 주임 사제의 딸로 태어나서 한때(1897) 배우 생활을 하다가 고교회파의 제랄드 거니(Gerald Gurney)와 결혼했는데 그들은 1919년에 카톨릭교회로 개종했다. 그후 거니 여사는 두 권의 시집과 *A. Little Book of Quiet*라는 시집을 발간했다. 통일 찬송에 수록된 "완전한 사랑"(288)은 거니 여사가 그녀의 언니 결혼식을 위하여 쓴 유일한 찬송시이다. 현재 우리가 부르고 있는 곡은 1898년에 반비(Joseph Banby)가 피페(Fife) 공작의 결혼식을 위해서 작곡한 것인데 오늘날 세계 각국에서 결혼 축가로 널리 불려지고 있다.

알렉산더(Cecil Frances Humphreys Alexander, 1823 – 1895)

알렉산더 부인은 19세기 후반에 영국 여류 찬송작가 가운데서 활약한 사람이다. 특히 알렉산더 부인은 아동찬송가 작가로서 그녀의 대표적인 시집 『거룩한 절기의 시』(*Verses of Holy Seasons*, 1846)와 『어린이 찬송가』(*Hymnus for Little Children*, 1848)를 출판했는데 무려 100판이나 출판했다고 한다. 통일 찬송가에 "지난 밤에 보호하사"(66), "옛날 임금 다윗 성에"(119), "저 멀리 푸른 언덕에"(146), "어지러운 세상 중에"(366)가 수록되어 있는데 이 가운데서 "저 멀리 푸른 언덕에"와 "어지러운 세상 중에"는 그녀의 대표적인 작품이다.

워즈워드(Christopher Wordsworth, 1807-1885)

케임브리지 대학을 졸업한 영국국교회의 찬송가 작가들 가운데서 뛰어난 인물인 워즈워드는 모교에서 교수로 있다가 명문 학교인 해로우(Harrow) 대학 학장으로 봉직했다(1836-1850). 그의 많은 작품 가운데는 『성년,주일 찬송, 성일 그리고 이외의 절기』(*The Holy Year, or Hymnus for Sundays and Holy Days, and Other Occasions*)가 있는데 여기에는 그의 작품 117편이 수록되어 있다. 그의 많은 찬송시 가운데서 통일 찬송가에는 "즐겁게 안식할 날"(57) 한 장만 수록되어 있다.

바링-굴드(Sabine Baring-Gould, 1834-1924)

영국 엑세터(Exceter)에서 대지주의 아들로 태어난 바링-굴드는 독일과 프랑스에서 어린 시절을 지냈다. 그후 케임브리지의 클래어(Clare) 대학을 졸업하고 런던에 있는 음악학교에서 교편 생활을 하다가 1864년에 사제(司祭)로 서품을 받고 호베리(Horbury)의 보좌 신부가 되었다. 특히 그의 대표작이라고 할 수 있는 "믿는 사람들은 군병 같으니"(389)는 바링-굴드가 살고 있던 요서셔 지방에서는 성령감림절 다음 날 주일에 그곳 국민학교 학생들이 이곳 마을로 행진하는 축하행사를 하는 관습이 있었다. 이때 바링-굴드는 씩씩한 어린이들의 행진을 위한 찬송가가 없는 것을 생각하고 주일 밤에 15분만에 작사하여 하이든의 교향곡 D단조 제15번의 곡에 맞추어서 불러오다가 1871년에 설리반이 현재의 곡으로 작곡하여 오늘날까지 불러오고 있다.

고대와 현대 찬송가집

19세기 영국 찬송가에 있어서 잊어서는 안 될 것이

있는데 그것이 바로 1860년(악보가 붙은 찬송가는 1861년에 출판한『고대와 현대 찬송가』(Hymnus Ancient and Modern)이라는 찬송가집이다. 16세기의 종교개혁 이후에 영국에서는 많은 찬송가가 나왔으나 영국국교회가 출판한 찬송가는 없었다. 그리하여 19세기 후반에 이르러서『고대와 현대 찬송가집』이 영국국교회의 성직자들과 음악가들이 중심이 되어 편집하여 실질적으로 영국국교회의 찬송가집이 된 것이다. 이 찬송가집은 19세기 초 이후에 찬송가의 문학적 향상과 옥스포드운동의 영향이 주요인이 되어 편집되었다. 그런데 그 초판에는 273편의 찬송가 수록되어 있는데 그 가운데는 몇 편의 시편가를 포함한 영어 찬송가가 131 편, 라틴어를 번역한 것이 132 편, 독일어을 번역한 것이 10 편이 있다. 이렇게 라틴어를 번역한 것이 절반을 넘는 것은 로마 카톨릭교회의 전통적인 찬송가가 많은 것임을 나타내는 것으로 옥스포드운동 때 국교회가 새로운 예배의식(실제로는 복고적)을 주장한 것이 바로 이러한 찬송가집을 만들어냈다고 할 수 있다. 이 찬송가집이 출판된 이후 판을 거듭하여 1950년까지 1억 5천만 부가 팔렸다고 한다.

저교회파의 찬송가

한편, 영국교회 안에서는 고교회주의에 반대하는 단체가 태동하기 시작했다. 이 단체도 역시 옥스포드 대학을 중심으로 일어난 것으로 예배의식이나 예전에는 큰 비중을 두지 않고 오직 전도에만 중점을 둔 것으로, 이러한 점에서는 비국교도파와 일맥상통하다. 이것이 바로 저교회파인데 그들 가운데에도 찬송가 작가들이 있었다.

이들 가운데 몇 사람을 소개하면 다음과 같다.

크롤리(George Croly, 1780-1860)

아일랜드의 더블린에서 의사의 아들로 태어난 크롤리는 트리니티 대학을 졸업한 후에 영국국교회의 성직자가 되어 북아일랜드와 런던에서 목회하면서 많은 저서를 남겼다. 그의 작품 "성령이여 내 심령에"(개편 찬송가 186장)가 개편 찬송가에 수록되어 있다.

거니(John Hampden Gurney, 1802-1862)

거니는 귀족 가문에서 태어나 영국국교회의 성직자가 되어 위클리프(Wycliff, John, 1329-1384)가 섬기던 교구 목사로 17년 동안 봉직했다. 그후 1847년에 영국으로 와서 성 바울 대성당에서 일하면서 기독교 전도협회에서 일했다. 우리 나라 찬송가에는 수록되어 있지 않으나 그의 대표작" 주님이 오실 때 보지 못했어도"(We saw Thee not when Thou didst comes)가 있다.

워링(Anna Laetitia Waring, 1823-1910)

웨일즈에서 태어난 여류 찬송가 작가인 워링 여사는 예전을 중요시하는 퀘이커 교파 가정에서 교육을 받으며 성장했으나 영국국교회의 예배의식과 예전에 관심을 가지고 국교회로 개종했다. 1850년에 발행한 『찬송가와 명상』

(*Hymnus and Meditation*)에는 워링 여사의 시가 19편이나 수록되어 있는데 그 가운데의 한 편인 "주 사랑 안에 살면"(454)이 통일 찬송가에 수록되어 있다. 그런데 이 찬송시는 워링 여사가 시편 23편, 그 가운데서도 특히 "내가 사망의 음침한 골짜기로 다닐지라도 해를 두려워하지 않을 것은 주께서 나와 함께 계심이라"는 4절에 바탕을 두고 작사한 것으로 『하나님 안에서의 안전』이라는 제목으로 발표한 것이다.

비커스테드(Edward Henry Bickersteth, 1825-1906)

성직자이며 『기독교 성가집』(Christian Psalmnody) 편집자인 아버지의 아들로 태어난 비커스테드는 케임브리지의 트리니티 대학을 졸업한 후에 영국 각지에서 국교회 목사로 봉직하다가 클로스터 대성당의 주임 사제, 그후에 엑세터의 주교가 되었다. 비커스테드가 편집한 찬송가집은 기도서와 함께 사용하도록 만들었는데 그것이 12권에 이른다.

통일 찬송가에 "주 예수 해변서"(284)라는 제목으로 수록된 이 찬송가는 영국국교회에서 자주 사용하는 찬송가이다. 또한 "오 만세 반석이신"(74)이라는 제목으로 수록된 이 찬송가는 1875년 여름, 예배에 참석했다가 이사야서 26장 3절 "주께서 심지가 견고한 자를 평강에 평강으로 지키시리니 이는 그가 주를 의뢰함이니이다"라는 본문의 설교를 듣고 감동되어 그날 이후에 부주교의 임종을 지켜보면서 지은 시이다.

행키(Arabella Katherine Hankey, 1834-1911)

영국 여류 찬송가 작가인 행키 여사는 개신교의 클래팜 종파의 가정에서 태어나 소녀 시절 때부터 주일학교 교사로 봉사하면서 18살 때에 런던에 있는 많은 가게에서 일하고 있는 여성들을 위해서 열심히 전도했다. 그후 남아프리카에서 전도할 때 그 재정은 그녀의 저서나 찬송가 인세로 보충했다. 행키 여사의 대표작 "주 예수 크신 사랑"(236)과 "주 예수 넓은 사랑"(274)이 통일 찬송가에 수록되어 있다.

하버갈(Frances Ridley Havergal, 1836-1879)

하버갈 여사는 저교회파 교회 목사이며 찬송가 작곡·작사가인 윌리엄 하버갈(William H.Havergal)의 딸로 태어나 7살 때부터 찬송시를 쓰기 시작하여 많은 찬송가를 작곡한 사람이다. 천제적인 시의 소질을 타고난 하버갈 여사는 히브리어와 헬라어를 위시하여 프랑스어, 독일어, 이탈리아어에 통달하였고 뿐만 아니라 노래도 잘 불렀다고 한다. 1873년에 "일생 동안 예수님을 찬송하리라"고 결심하고 헌신과 성결을 테마로 찬송가를 작사·작곡한 거룩한 시인으로 널리 알려졌다. 통일 찬송가에 수록되어 있는 "내 너를 위하여"(185)는 어느 목사님의 집을 방문했을 때 벽에 걸려 있는 예수님이 십자가에 달리신 사진 아래에 "나는 너희를 위하여 고통을 받았다. 그런데 너희들은 나를 위하여 무엇을 했느냐"라는 글귀를 읽고 마음에 감동을 받아 작사한 것이다. 그리고 "나의 생명 드리니"(348)는 1874년에 예수님을 믿지 않는 열 사람을 위하여 구원받도록 기도했는데 그후에 드디어 그들이 예수님을 믿게 된 것을 하나님에게 감사하여 작사한 시이다.

광교회파의 찬송가

저교회파가 태동하기 시작한 때를 기하여, 동시에 영국 국교회에서는 광교회파가 일어났다. 이러한 현상은 고교회파와 저교회파 사이에서 일어난 중도파이다. 이들은 국교회의 예전과 모든 규칙 그리고 신앙고백 등을 넓은 안목으로 자유롭게 해석하여 당시의 자연과학 발달에 관용성을 가지고 대하여, 진화론과 성서의 고등 비평까지도 수용하는 입장을 취하여 고교회파와 저교회파에 대립하는 입장을 취했다.

테니슨(Alfred Tennyson, 1809-1892)

영국국교회 성직자의 아들로 태어난 테니슨은 케임브리지 대학에 다닐 때 그 당시에 이미 시인으로 널리 알려져 있었다. 테니슨은 유럽에서 연구한 후에 시단(詩壇)에 데뷰하여 많은 시집을 출판했는데 1850년에는 계관시인(영국에서는 국가적인 행사가 있을 때 왕실에게 시를 써서 바치는 시인으로 인정받아 종신토록 연금을 받는다)으로 위촉되어 그후 1884년에 남작(男爵)으로 서임(叙任)되었다. 그의 작품은 거의 세련된 문체로서 로맨틱한 시상이 특색이다. 친구의 죽음을 추모하여 쓴 그의 장시 『추도』(*In Memoriam*)은 그의 대표작인데 "장엄하신 하나님의 아들"(Strong Son of God, Immortal Love)는 이 시집 서문에서 인용하여 차유롭게 번역한 찬송시이다. 또한 통일 찬송가에 수록되어 있는 "종소리 크게 울려라"(297)도 그 시의 일부분을 발췌하여 만든 찬송가로 온 세계에서 애창되고 있다.

보드(John Ernest Bode, 1816-1874)

옥스포드 대학과 차터 하우스, 그리고 크라이스트 처치에서 공부한 보드는 하바드 대학에서 최초로 장학금을 받은 인물이다. 1843년에 목사 안수를 받고 1843년에 옥스포드셔에 있는 웨스트웰(Westwell)의 교구 목사가 되어 1860년까지 그곳에서 봉직했다. 통일 찬송가에 "이 세상 끝날까지"(448)라는 제목으로 수록된 이 찬송가는 대단히 아름다운 시로 1868년에 보드 목사의 자녀들이 견진성사(견신례 즉 세례를 받은 후 성찬식에 참예하는 것)에 참예하는 것을 기념하기 위해서 쓴 것이다.

하우(William Walsham How, 1823-1897)

"가난한 사람들의 목사" 또는 "마차의 목사"라고 불리는 하우 목사는 옥스포드의 워드함 대학과 더함대학(Durham)에서 신학을 공부하고 1847년에 사제로 서품을 받고 키더미니스터(Kidderminister)와 슈류즈베리(Shrewsbury), 그리고 휘팅턴(Whittington)과 오스웨스트리(Oswestry)에서 활동했다. 특히 하우는 교권적인 지위에 집착하지 않고 항상 가난한 사람들과 억눌린 사람들을 위하여 평생을 보낸 사람이다. 아더 설리반(Arther Sulivan)과 함께 편낸『교회 찬송가집』(Church Hymnus, 1871)에 있는 하우의 찬송가는 오늘날도 영국에서는 약 60 곡 정도를 부르고 있다.

하우의 대표작이 통일 찬송가에 "참 사람되신 말씀"(240)이라고 수록되어 있는데 이 찬송가는 명작 가운데 하나라고 한다. 독일의 작곡가 멘델스존의 오라토리오『엘리야』(Elijah) 가운데서도 이 찬송시를 부르고 있으며 독일 코랄인 "오 거룩하신 하나님이시여"의 곡에 붙여서도 부르고 있다. "나 가진 모든 것"(69), "주 예수 대문 밖에"(325)라는 제목으로 통일 찬송가에 수록되어 있다.

엘러튼(John Elerton, 1826-1893)

런던에서 태어나 케임브리지 대학을 졸업한 엘러튼은 영국국교회의 사제로서 또한 찬송가 작가로서도 널리 알려졌을 뿐만 아니라 찬송시도 많이 번역했고 찬송가 학자로서도 저명했다. 엘러튼은 테니슨(Tennyson)처럼 케임브리지 대학에서 모리스(Frederick Morris)의 영향을 받고 광교회의 입장을 지지했다. 엘러튼의 찬송시는 "성전을 떠나가기 전"(59), "우리의 주여"(60), "전능의 하나님"(77), "십자가에 달리신"(143)이 통일 찬송가에 수록되어 있는데 그의 찬송시는 약 50편 정도가 있다.

4. 빅토리아조 시대의 비국교회파 찬송가

18세기의 창작 찬송가는 아이작 와츠(I. Watts)와 웨슬리(Charles Wesley)와 같은 비국교회파의 찬송가 작가들을 중심으로 하여 영국이 창작 활동한 데 반하여 19세기의 영국 찬송가는 주로 비국교회파로 그 주도권이 넘어갔음을 알 수 있다. 그러므로 이번에는 비국교회파의 찬송가 작가들의 활동을 살펴보겠다.

보나(Horatious Bonar, 1808-1889)

보나는 스코틀란드 국교회의 목사로 그 시대에 비국교회파의 대지도자 가운데 한 사람이었다. 보나는 목사의 집에서 태어나 에딘버러에서 교육을 받았는데 고등학교에 다닐 때 토마스 제임스(Thomas James)의 영향을 받고 졸업한 후에 목회를 했다. 1843년에 스코틀란드 국교회(장로교회파)가 통합 문제로 분열했을 때 보나는 자유교회 편의 지도자로서 일하다가 그후에 총회장으로 일하기도 했다. 그의 저서는 10권의 책과 600편에 이르는 찬송시가 있는데 그 가운데서 널리 불려지는 찬송가가 100편에 이르고 40편 정도를 카톨릭교회에서도 사용하고 있다.

그리고 보나의 찬송시가 통일 찬송가에 "나 행한 것으로"(203), "오 나의 주님 친히 뵈오니"(285), "양떼를 떠나서"(335), "날 위하여 날 위하여"(426), "내게로 와서 쉬어라"(467)이라는 제목으로 수록되어 있는데 이 가운데서 이 가운데 "양떼를 떠나서"는 그의 신앙고백이라고 할 수 있다.

아담스(Sarah Flower Adams, 1805-1848)

유니테리안 교파의 여성 찬송가 작가인 아담스는 그의 부친의 영향을 이어받아 시제(詩才)가 뛰어났으며 한편, 여배우로서도 인기를 얻었으나 건강이 나빠서 배우로서의 꿈을 포기하고 오직 시를 쓰는 데만 열중했다. 아담스는 그녀가 다니던 교회에서 그녀의 동생과 함께 찬송가집을 발행했는데 이 일이 널리 알려져서 그 가운데 있는 "내 주를 가까이"는 많은 호평을 받았다. 이 찬송시는 창세기 28장 10-22절에 있는 야곱의 꿈에 바탕을 둔 것으로 그녀는 항상 하나님에게 가까이 가려는 노력을 묘사하고 있다. 그러나 이 찬송가는 그후에 사람이 눈을 감고 이 세상을 떠날 때나 장례식 때에 부르는 경우가 많이 있었는데 이 찬송가의 본래 목적은 이를 위해서 쓴 것이 아니다.

그런데 1912년 4월 14일에 영국의 여객선 타이타닉호(Titanic)가 북대서양을 처녀 횡단하다가 빙산에 부딛쳐 1,635명이 배와 함께 침몰하면서 이 찬송가를 불렀다고 한다. 그러나 이때 그들이 부른 찬송가의 곡은 현재 우리가 부르고 있는 메이슨(L. Mason)의 곡이 아니라 다익스(John Bacchus Dykes)의 장엄한 곡이었다고 한다.

던칸(Marie Lundie Duncan, 1814-1840)

스코틀란드에서 목사의 딸로 태어난 던칸양은 1836년에 윌리엄 던칸(William W. Dunkan) 목사와 결혼했으나 불행하게도 결혼한 지 4년만인 1840년 1월 5일, 그녀의 나이 26살 때에 이 세상을 떠났다. 통일 찬송가에 수록되어 있는 "다정하신 목자 예수"(436)는 그녀의 작품 23편 가운데 있는 하나로서 작곡자도 역시 여성인 버나드(C. A. Bernad)이다.

클레페인(Eligabeth Cecilia Clephane, 1830-1869)

스콜틀란드 주지사의 딸로 태어난 클레페인 여사는 세상에 태어날 때부터 몸이 허약했다. 그런 가운데서도 그녀는 항상 병자나 불쌍한 사람들과 함께 지내면서 아버지로부터 물려받은 재산과 그녀가 타고 다니던 마차까지도 팔아서 그 돈으로 가난한 사람들을 위해서 일했다. 그리하여 많은 사람들은 그녀를 "태양"이라고 불렀다고 한다. 그녀는 8편의 찬송시를 썼는데 그 가운데서 "십자가 그늘 밑에"(191)와 "양 아흔아홉 마리"(471)가 널리 불려지고 있는데 "양 아흔아홉 마리"에 관해서는 다음과 같은 일화가 있다. 19세기 미국의 대부흥사였던 무디(D. Moody) 목사는 그의 음악 동역자였던 생키(Ira D.Sankey)와 함께 1874년에 스코틀란드의 에딘버러에서 부흥회를 인도하기 위하여 마차를 타고 가면서 신문을 읽다가 "양 아흔아홉 마리"라는 제목의 시를 읽고 마음에 감동을 받아 그 시를 오려 두었다. 그들은 에딘버러에 도착하여 부흥회가 시작되었으나 그날에 무디 목사가 설교하는데 알맞는 적당한 시가 없어서 걱정하다가 신문에서 오려 두었던 그 시가 생각나서 즉흥적으로 작곡하여 불렀다고 한다.

매티슨(George Matheson, 1842-1906)

스코틀란드 자유교회의 목사인 매티슨은 18살 때 원인을 알 수 없는 눈병에 걸려서 눈이 멀었으나 그 역경을 이기고 에딘버러 대학을 우수한 성적으로 졸업하고 1886년부터 목회를 하는 한편, 신학을 연구하면서 1874년부터 저술하는 일에 몰두했으나 문헌을 조사하는 일이 너무 어려워서 저술 활동을 그만두고 찬송가를 창작하는 일로 방향을 돌렸다. 그리하여 매티슨 목사는 한 권의 시집과 많은 찬송시를 남겼는데 그 가운데 한 편이 통일 찬송가에 "세상의 헛된 신을 버리고"(356)라는 제목으로 수록되어 있다.

5. 19세기 영국 찬송가 작가들

119세기 영국 찬송가는 그 내용면에 있어서 대단히 광범위하다는 것을 알 수 있다. 이러한 새로운 시대의 찬송가는, 종래의 찬송가 형식을 중심으로 했던 영국의 16-17세기 찬송가 곡(曲)의 틀에 맞추기가 대단히 어려웠다. 또한 근세에 이르러서 교회음악과는 별도로 발전해 온, 서구의 세속음악의 흐름은 18세기의 고전파, 다시 말하면 하이든, 모짜르트, 베토벤에서 슈베르트, 베버, 멘델스존, 쇼팡, 리스트, 베를리오즈 등의 주관적인 마음의 움직임을 음악으로 기울어졌는데 이러한 음악의 영향은 찬송가 곡(曲)의 형식에도 그 영향을 미쳤다. 다시 말하면 선율을 소프라노 성부에 둔 혼성 사성합창의 형식과 또한 기능적인 화성음악(장조와 단조의 조성을 가지고 화성을 만든 것)을 사용하여 이른바 19세기의 다성(part song)이라고 하는 합창형식을 이룩한 형식을 찬송가에도 사용하게 되었다.

그러나 이 시대의 미국 찬송가 곡은 선율적인데 비하여 영국 찬송가 곡은 화성적으로 웅장한 면을 표현하고 있다.

가운틀레트(Henry J. Gauntlett, 1805-1876)

영국 웰링턴에서 목사의 아들로 태어난 가운틀레트는 9살 때부터 아버지가 봉직하고 있는 교회에서 오르가니스트로 있었다. 그후 그는 1823년부터 교회 오르가니스트로 활약하면서 많은 오르가니스트를 양육했다. 영국에서 멘델스존의 『엘리야』가 초연되었을 때 작곡자의 부탁을 받고 "오르간" 부분을 연주한 일도 있다. 그러다가 그는 법률을 공부하여 법률가로서, 또는 변호사로서 일하다가 1844년에 그 일을 포기하고 다시 오르가니스트로 활약하면서 파이프 오르간을 제작하는 일과 또한 영국의 오르간을 개조(개량)하는 일에도 크게 공헌했다. 가운틀레트는 작곡 활동 면에서도 많은 예배음악, 시편가곡, 찬송가 등을 작곡했는데 무려 1만 곡에 이른다고 한다. 그의 말대로, 그는 회중을 위한 찬송가를 개작하기 위하여 "시편가 학교"를 설립하기도 했다. 그의 대표적인 작품은 『아침과 저녁 찬송가』(*Hymnal for Mornings and Evening song*, 1844), 『교회 찬송집과 가곡집』(*The Church Hymnal and Tune-Book*,

1844-1851), 『성가집』(Cantus Melodic, 1845), 『회중교회 찬송가 작가』(The Congregationalist Psalmist, 1851), 『신구 노래집』(Tunes, New and Old, 1868) 등이 있다.

사무엘 웨슬레(Samuel Sebastian Wesley, 1810-1876)

감리교의 지도자요 찬송가 작가인 찰스 웨슬레의 손자인 사무엘 웨슬레라는 이름은, 교회음악가였던 아버지가 요한 세바스찬 바하를 존경하여 바하의 앞 이름을 따서 중간 이름으로 붙인 것이다. 10살 때에 왕실 예배당의 성가대원이 되었고 16살 때에 런던의 함스테드 로드 성 야곱교회의 오르가니스트로 임명되었고 일생 동안 네 개의 교회와 다섯 개의 대성당의 오르가니스트로서 활약했다. 사무엘 웨슬레는 일생 동안 교회에서는 음악을 중요하게 하여야 한다고 하여 교회음악의 개선을 주도했고, 세상을 떠나기 전까지 클로스터 대성당에서 오르가니스트로 있었다. 특히 사무엘 웨슬레는 즉흥 연주에 17세기의 퍼셀(Henry Purcell, 1658-1695) 이래 금세기의 스탠포드(일명 Charles Villiers)에 이르는 중간기의 영국 최대의 작곡가였다고 한다. 특히 1872년에 발행한 『유럽 찬송가 작가』(The European Psalmist)에는 730 곡이 수록되었는데 그 가운데에 세바스찬 웨슬레의 곡이 130 곡이 수록되었다고 한다. 아쉽게도 사무엘 웨슬리의 작품이 통일 찬송가에는 "교회의 참된 터"(242)라는 제목으로 한 곡만 수록되어 있다.

스마트(Henry Thomas Smart, 1813-1879)

음악가의 아들로 런던에서 태어나서 성장한 후에 하이게이트 스쿨(Highgate School)에서 법률을 공부하고 법률 사무소에서 일하다가 음악에 뜻을 품고 독학으로 음악을 공부하여 오르가니스트가 되어 런던에 있는 교회에서 오르가니스트로 활약했다. 한편, 오르간 설계가로서도 널리 알려져서 많은 교회에서 오르간 설계를 맡아서 시공했다. 그러나 그의 만년에 15년 동안 눈이 멀어서 앞을 보지 못하게 되었으나 그 역경을 이기고 오페라, 칸타타, 안템, 오르간 곡 등 많은 작품(작곡)을 남겼다. 그의 대표적인 작품은 다음과 같다.『예배를 위한 시편과 찬송가』(*Psalms and Hymns for Divine Worship*, 1867),『장로교 찬송가』(*Presbyterian Hymnal*, 1875),『코랄집』(*Chorale Book*, 1875),『성가 모음집』(*Collection of Sacred Music*), 찬송가 곡으로서는 "영광 나라 천사들아"(118), "주 예수 믿는 자여"(166)이라는 제목으로 통일 찬송가에 수록되어 있다.

엘비(George Job Elvey, 1816-1893)

엘비는 영국 캔터베리에서 음악가의 집에서 태어나 캔터베리 대성당의 소년성가대원으로 있으면서 그의 형한테서 음악을 배운 후에 17살이라는 어린 나이에 훌륭한 오르가니스트가 되었다. 그후 옥스포드 대학에 입학하여 오르간을 공부하면서 크라이스트 처치(Christ Church)의 오르가니스트로 있다가 윈저(Windsor)에 있는 성 조지

채플(St. George's Chaple)의 오르가니스트로서 1835년부터 1882년까지 반세기에 걸쳐서 활약하는 한편, 합창 지휘자로서도 크게 활약했다. 그의 작품은 교회음악이 주된 것이었는데 오라토리오, 안템, 오르간 곡 이외에 찬송가 곡도 많다. 전세계에서 교파를 초월하여 널리 불려지고 있는 "면류관 가지고"(25)와 감사절 찬송가인 "감사하는 성도여"(306)가 통일 찬송가에 수록되어 있다.

다익스(John Bacchus Dykes, 1823-1876)

비교적 통일 찬송가에 많은 작품이 수록되어 있는 다익스는 은행가의 집에서 태어나서 그의 할아버지가 목회하는 영국국교회에서 10살 때부터 오르가니스트로 있었다. 그후 다익스는 케임브리지 대학에 대학음악협회를 조직하여 음악활동을 했다. 학교를 졸업한 후에 다익스는 영국국교회의 성직자가 되어 성직자가 되어 목회 생활을 하다가 1849년에 요크셔의 더햄(Durham) 대성당의 성가대장으로 있었다. 그후 1862년에 요크셔의 성 오스왈드(St. Oswald) 교회 목사로 취임하여 그곳에서 반평생을 보내면서 목회를 했다. 다익스는 그동안 300 곡이 넘는 많은 찬송가와 안템을 작곡했는데 그 가운데서도 특별히『고대와 혀대 찬송가집』(Hymnus Aneient and Modern)을 발행한 후 미국의 많은 교회에서 이 찬송가집을 사용했다고 한다. 다익스는 빅토리아조 시대의 찬송가 작가들 가운데서 가장 훌륭한 사람이었다고 찬송가 학자들은 격찬하고 있다. 다익스의 작품이 통일 찬송가에 "거룩 거룩 거룩"(9), "성전을 떠나가기 전"(59), "귀하신 주의 이름은"(81), "구주를 생각만 해도"(85), "오 젊고 용감하신"(129), "성도들아 다 나아와"(140), "내 갈길 멀고 밤은 깊은데"(429), "바다에 놀이치는 때"(477), "주와 같이 되기를"(508) 등이 수록되어 있는데 특히 "귀하신 주의 이름은"은 본래 11세기 라틴어 찬송가였으나 현재의 가사는 18세기 때 존 뉴톤(John Newton) 이 작사한 것이다.

몽크(William Henry Monk, 1823—1889)

작사자요 작곡가인 몽크는 런던에서 태어나 런던에 있는 여러 교회에서 오르가니스트로 활약하는 한편, 킹즈 칼리지(King's College)에서 음악 교수로 있으면서 합창단을 지휘하기도 했다. 몽크는 『고대와 현대 찬송가집』을 편집하는 일에도 크게 공헌했다. 몽크의 작품이 "때 저물어 날 이미 어두니"(531)와 "싸움은 모두 끝나고"(156)가 수록되어 있는데 특히 "싸움은 모두 끝나고"는 팔레스트리나 교회음악을 편곡해서 만든 것인데 『고대와 현대 찬송가집』에도 수록되어 있다. 팔레스트리나 스타일(Palestrina Style)은 팔레스트리나에 의해서 폴리포닉한 아카펠라 양식에 따른 합창곡을 말한다.

반비(Joseph Barnby, 1838—1896)

영국 요크(York)에서 태어난 반비는 요크 민스터 대성당의 소년 성가대원으로 있다가 12살 때 그곳 오르가니스트가 되었다. 왕립 음악학교에서 공부한 후에 1836년부터 런던교회의 오르가니스트를 역임하고 한편, 런던시 소호 (Soho)에 있는 성 안네(St. Anne) 교회에서 매년 바하의 『요한 수난곡』을 연주했다. 그리고 왕립합창협회의 지휘자와 그외에 음악 단체의 요직을 맡기도 했다. 반비는 오라토리오, 안템과 많은 찬송가를 작곡했는데 그의 작풍(作風)은 장중하기보다 온화하고 화성적이다. 그는 이 시대에 영국을 대표하는 찬송가 작가라고 한다. 결혼식을 위한 찬송가가 "완전한 사랑"(288)이라는 제목으로 통일 찬송가에 수록되어 있다.

스테이너(John Stainer, 1840-1901)

영국에서 태어난 스테이너는 19세기 말 영국 교회음악가 지도자 가운데 한 사람으로 7살 때 성 바울 대성당(St. Paul's Cathedral)의 소년 성가대원으로 있으면서 그때 벌써 오르간도 훌륭하게 연주했다고 한다. 뿐만 아니라 노래를 부르는 데 있어서도 초견이 빨라서 주위의 사람들을 놀라게 했다. 그후 스테이너는 14살 때 어느 교회의 오르가니스트로 있다가 옥스포드 대학을 졸업한 후인 32살 때 존 고스(Sir. John Goss)의 뒤를 이어서 성 바울 대성당의 오르가니스트가 되어 그가 세상을 떠나기 3년 전까지 봉직했다.

한편, 스테이너는 옥스포드 대학 교수와 왕립합창협회의 오르가니스트를 역임했는데 특히 그의 오라토리오 『기드온』(*Gideon*)과 간타타 『십자가 위에서의 죽음』(*Crucifixion*)을 비롯하여 많은 합창곡과 부드럽고 화성적인 찬송가를 작곡했다. 그의 찬송가 작품 가운데 영국 민요를 편곡하여 찬송가로 편곡한 "만백성 기뻐하여라"(117), 샌디의 크리스마스 캐롤을 편곡한 "저 들 밖에 한밤 중에"(123)와 "네벤 아멘"(557), 일곱번 아멘"(558)이 통일 찬송가에 수록되어 있다. 그의 주요 작품은 다음과 같다. 『절기음악사전』(*Dictionary of Musical Terms*, 1879), 『성서 안에 있는 음악』(*Music of the Bible*, 1879), 『교회 찬송가집』(*Church Hymnary*, 1898).

설리반(Arthur Seymour Sullivan, 1842–1900)

설리반은 찬송가 작가라기보다 오히려 오페레타 작곡가로서 더 잘 알려져 있다. 19세기 영국의 대표적인 음악가 가운데 한 사람인 설리반은 아버지가 군악대원인 아들로 태어나서 왕실 예배당의 소년성가대원으로 있다가 그후에 왕립음악학교를 졸업한 후에 라이프찌히에 유학했다. 설리반이 편곡한 "나 행한 것으로"(203)와 그가 작곡한 "믿는 사람들은 구병 같으니"(389)가 통일 찬송가가에 수록되어 있다.

6. 20세기 전반기의 영국 찬송가

영국에서는 19세기에 이르러 매우 원숙한 찬송가가 많이 창작되어 앞에서 논한 대로 『고대와 현대 찬송가집』(*Hymnus Ancient and Modern*)을 시초로 하여 많은 찬송가집에 수록하여 보급했다. 이리하여 『고대와 현대 찬송가집』은 그후에 판을 거듭하여 증보되어 20세기에 들어서서 1904년판이 출판되었으나 이것은 본래의 내용을 많이 수정했다는 이유로 많은 사람들의 반대에 부딛혀서 다시 새로운 찬송가를 편집하여 출판했다.

이리하여 제일 먼저 나온 것이 『영어 찬송가(The English Hymnal, 1906)인데 이 찬송가집은 중립적인 입장에서 광범위하게 선곡했고 특히 번역하는 일에 있어서는 정확성을 기했다. 이 찬송가집의 감수를 맡았던 사람은 랄프 윌리엄즈(Ralph Vanghan Williams)였는데 『고대와 현대 찬송가집』에 수록되었던 찬송가 곡을 전재하는 허가를 받지 못했다. 그리하여 부득이 몇 사람의 동역자와 함께 영국을 중심으로 하여 민요곡에서 훌륭한 곡들을 선별하여 편곡한 후에 찬송가 곡으로 택하는 한편, 새로운 곡을 작곡하기도 했다. 이리하여 『영어 찬송가집』은 음악적으로 새로운 매력을 띠게 되어 널리 보급되어 그후에 영국과 미국 찬송가에 새로운 방향을 부여했던 것이다.

또한 제1차 세계대전 중에 출판된 『찬양의 노래』(Songs of Praise, 1926)는 『영어 찬송가집』보다 좀더 진보한 찬송가집으로서 내용적으로는 자유스럽고 곡도 새로운 경향을 띠게 되었다. 그런데 이 찬송가집은 샤우 형제(Martin Edward Fallas, 1875-1958 ; G eoffery Turton Shaw, 1879-1943)가 중심이 되어 펴낸 것이다.

그 이외에 제2차 세계대전 이후에 개정하여 출판한 『교회와 현대 찬송가집』(1950)과 영국 방송협회(BBC= British Broadcasting Corporation)가 편집하여 출판한 『영국방송협회 찬송가집』(BBC Hymnal), 또한 최근의『영국국교회 찬송가집』(Anglican Hymnal, 1950)과『신천주교 찬송가집』(New Catholic Hymnal, 1971)에서는 곡을 선택하는 일에 있어서 개신교와 구교 사이에 현저한 차이가 있는 동시에 현대의 새로운 경향성을 띤 찬송가를 사용하고 있는 것이 특징이다.

아래에 금세기의 찬송가 작사, 작곡자들에 관해서 살펴 보기로 한다.

체스터톤(Gilbery Keith Chesterton, 1874-1936)

체스터톤은 런던에 있는 성 바울학교(St. Paul's School)에서 밀톤(John Milton)을 연구하여 영시(英詩) 부분에서 "밀톤" 상을 받았다. 그는 본래 영국국교회 교인이었으나 카톨릭으로 전향한 사람으로 신문기자와 작가로서 널리 알려졌다. 체스터톤은 런던에 있는 미술학교(Slade School of Art)를 졸업한 후에 미술 평론가와 시사평론가로 활약하면서 소설과 시를 써서 유명해졌다. 아쉽게도 우리 나라 찬송가에는 그의 작품이 수록되어 있지 않지만『아시시의 성 프란시스』(St. Francis of Assisi)가 있다.

팁레이디(Thomas Tiplady, 1882-   )

영국 요크셔에서 감리교회 집안에서 태어난 팁레이디는 방직공장에서 일하면서 고학으로 신학교를 졸업하고 감리교 목사로 안수를 받고 1922년부터 런던에 있는 빈민가에서 전도활동을 했다. 팁레이디 목사는 그곳에서 목회를 하면서 많은 젊은 사람들이 어려운 신학 용어와 고어(古語)로 된 찬송가를 부르는 것을 보고 그는 시대에 알맞는 현대 찬송가가 필요하다고 생각되어 새로운 찬송시를 썼다.

옥센함(John Oxenham, 1852-1941)

20세기 전반기에 크게 활약한 옥센함은 영국이 나은 시인이요 소설가이다. 그의 본명은 덩컬리(William A. Dunkerley)였는데 무슨 이유에서인지 옥센함으로 이름을 바꾸었다. 그는 맨체스터대학을 졸업한 후에 실업자로서 주로 해외에서 활약하다가 한때는 미국에 정착하여 상업을 하려고 했으나 저작 활동에 마음이 끌려 문필가로서 생활했다. 그후 그는 많은 통속적인 소설과 작품을 남기고 세계 제2차 대전 중에 세상을 떠났다.

옥센함은 회중파 교인으로서 그가 남긴 작품 가운데 "주 예수 안에 동서나"(526)이 있는데 이 찬송가는 그 당시 노벨문학 수상자인 키플링(R. Kipling)의 작품 "동은 동이요, 서는 서이므로 이 둘은 영원히 만날 수 없다"(O East is East and West is West, And never the twin shall meet)는 데 대항해서 그리스도교적인 입장에서 "그리스도를 믿은 사람들에게는 동서남북이 있을 수 없다(In Christ there is no East or West)고 작사한 것이다. 이리하여 머지않아서 세계는 그리스도 안에서 하나가 된다는 신념으로 쓴 그의 찬송시는 오늘날 세계 각국에서 널리 애창되고 있다.

박스(Clifford Bax, 1886—1932)

금세기 초에 영국에서 작가와 시인으로 활동한 사람이다. 특히 그의 음악은 극 창작과 연출가로서 널리 알려졌다(더 자세한 것은 *The Gospel in Hymns*, p. 473, Chanles Scribner's Sons N.Y. 1950을 참고하라.)

랄프 윌리엄즈(Ralph Vaughan Williams, 1872—1958)

랄프 윌리엄즈는 영국 남부에 있는 글로체스터(Gloucester)에서 성직자의 아들로 태어나서 런던 왕립음악학교를 거쳐서 케임브리지 대학을 졸업한 후, 독일과 프랑스에 가서 작곡을 공부했다. 특히 그는 영국의 전통적인 민요를 연구하는 일에 몰두하여 『영어 찬송가』(*English Hymnal*, 1906)를 출판할 때에 그의 능력을 발휘했다. 또한 그는 오페라와 합창곡을 많이 작곡하여 금세기 영국의 굴지의 작곡가로 알려졌다. 또한 그는 많은 찬송가도 작곡했는데 그의 작품은 세계 제2차대전 이후에 미국에서 널리 애창되고 있다. 이리하여 랄프 윌리엄즈는 20세기 최고의 찬송가 작곡자로서 인정을 받게 되었다. 윌리엄즈가 편곡한 "주의 귀한 말씀을"(520)이 통일 찬송가에 수록되어 있다.

샤우(Martin Edward Shaw, 1875—1958)

샤우는 20세기 전반기에 있어서 영국이 나은 현대음악가 가운데서 대표적인 인물이다. 그는 런던에서 태어나 왕립음악학교에서 공부한 후, 1908년에 성 메리교회(St.

Mary)의 오르가니스트와 성가대장으로 있다가 다른 교회에서 봉사했다. 그후 1935년부터 10년 동안 제임스 후드(James Food) 교구에서 여생을 마쳤다.

7
미국 찬송가

7
미국 찬송가

 미국에 기독교가 전파된 초기에는 우리가 이미 살펴본 대로 15세기 말 콜럼버스(Columbus) 일행을 시작으로 한 라틴계 민족, 즉 포르투갈인, 스페인인, 프랑스인, 이탈리아인들이 로마 카톨릭교를 믿던 시대였다. 그러므로 그 당시에는 유럽 교회에서 사용하던 찬송가를 미사 의식으로 예배드릴 때 불렀다.

 신대륙에 프로테스탄트 찬송가가 전해진 초기에는, 즉 1562년부터 1565년 사이에는 북아메리카(오늘날의 South Carolina주와 Florida 주)에 이민해온 프랑스 신교도(카빈파를 따르는 위그노인=Huguenot)들에 의해서 전해졌다. 그들은 프랑스어로 된 시편가를 미대륙에 가지고 들어왔으나 이들의 식민지는 곧 스페인인들에 의해서 정착하지 못했다. 그러나 위그노인들이 부르고 있던 시편가의 선율을 그들과 우호직이었던 인디안들이 그 찬송가를 듣고 기억했다가 불렀는데 얼마 후에 그곳을 방문한 유럽인들이 그 찬송가를 들었다고 한다.

그후 영어 시편가가 미국에 처음으로 소개된 것은 1579년 6월에 영국의 프랜시스 드래크(Francis Drak) 제독이 이끄는 함대가 배를 수리하기 위해서 캘리포니아 북부에 상륙했을 때, 그 배를 함께 타고 온 플레쳐(Fletcher) 목사에 의하면 영국인들이 시편가를 부르는 것을 들은 그곳 인디안들이 깊은 감명을 받았다고 말했다.

영국계 민간인들이 최초로 미국에 이민해 와서 1607년에 현재의 조지아주 제임스타운(Jamestown)에 식민지를 세우고 그들은 이곳에서 예배드릴 때에『에스티의 시편가집』(*Este's Psalter*, 1592)를 사용했다. 그런데 이 시편가집은 확실히 스턴홀드(Thomas Sternhold)와 홉킨스(John Hopkins)판이『구역 시편가』(*Old Version*)에 곡과 함께 수록했던 것이다.

1. 필크림 파더즈와 시편가

미국을 프로테스탄트 나라로 만든 것은 순례자의 조상(Pilgrim Fathers는 1620년에 Mayflower 배를 타고 아메리카로 건너가 Plymouth에 정착한 102 명의 영국 청교도들을 이르는 말이다)이라고 불리는 청교도(Puritan)와 그들의 후손이다. 그들은 영국의 종교개혁을 따르지 않고 자유로운 예배의식을 갈구하여 드디어 모국을 떠나 처음에는 네덜란드의 암스테르담에 정착했으나 그후에 레이든(Leyden)으로 옮겼다. 그러나 그때 유럽에서는 30년 전쟁이 절정에 달해 있었고 또한 프랑스에서는 프로테스탄트를 탄압하고 있었으므로 결국, 그들은 미국의 대륙에 신천지를 건설할 수밖에 없었다. 그리하여 102명의 청교도들을 태운 작은 범선 메이플라워(Mayflower) 배를 타고 네덜란드를 떠나 미국의 북동부 즉, 오늘날의 매사츄세츠주의 플리마우드에 상륙하여 이른바 뉴 잉글랜드(New England) 식민지를 개척하기 시작했다.

그런데 그들이 네덜란드에 도착했을 때 그곳에서는 이미 『제네바 시편가』(Genevan Psalter)를 1566년에 네덜란드 말로 번역하여 출판해서 널리 사용하고 있었다. 여기에 수록된 39개의 곡은 청교도 일행 가운데 한 사람인 헨리 에인즈워드(Henry Ainsworth) 목사가 개역한 영어 시편가의 가사를 붙인 『산문과 운율로 된 영역 시편집』(The Book of Psalmes Englished both in Prose and Metre, 1612)인데 이 책은 암스테르담에서 출판한 것이었다. 그 당시 영국에서는 『구역 시편가집』(Sternhold, Hopkins)판이 널리 사용되고 있었으나 청교도들은 이것이 히브리의 원어에 충실하지 못한 것이므로 이에 불만스럽게 생각하여 에인즈워드 목사가 개역한 『산문과 운율로 된 영역 시편가집』을 사용했다.

청교도(Pilgrim Fathers)들은 에인즈워드의 『시편가집』을 미국에 가지고 들어와서 사용했으나 그들은 그리 만족하게 생각하지 않고 17세기 후반까지 플리마우드 식민지에서 사용했다. 그때부터 10년 후에는 영국에서 청교도들이 몇 차례에 걸쳐서 미국에 이민하여 와서 오늘날의 보스톤 부근에 상륙하여 식민지를 개척했다. 그런데 그들은 주로 『구역 시편가집』의 가사를 사용하여 노래를 부를 때는 라벤스크로프트(Ravenscroft)가 편집한 150곡을 포함한 시편가곡집을 사용했다.

그후 세월이 흘러 청교도들은 드디어 새로 번역한 시편가집을 미국에서 발행하기에 이르렀다. 그것이 바로 1640년에 발행한 『영어의 운율을 충실하게 번역한 전시편가집』(*The Whole Book of Psalmes Faithfully Translated into English Metre*)인데 이것이 바로 청교도들이 미국 케임브리지에서 인쇄하여 발행한 최초의 "책"이다. 지금은 그 초판(初版)이 아주 희귀한 것으로서 그 가운데 한 권이 1947년에 경매되었다고 하는데 그 책값이 무려 15만 1천 파운드에 사상 최고의 값으로 팔렸다고 한다. 현재는 시카고 대학 도서관에 복사판이 준비되어 있으므로 찬송가를 연구하는 사람은 누구나 쉽게 열람할 수 있다고 한다.

그후 이 시편가집을 흔히 『연안 시편가집』(*The Bay Psalm Book*)이라는 이름을 붙여서 이민온 사람들 가운데서 학자나 목사들을 중심으로 하여 히브리어를 새롭게 번역했다. 그 이유는 스턴홀드와 홉킨스판인 『구역 시편가집』은 번역이 미숙하고 비학구적이고 히브리어 원전에 충실하지 않은 곳이 많다고 생각하여 개역한 것이다. 또한 구역에는 여러 가지 서로 다른 시형(詩形)의 노래가 있기 때문에 노래를 부를 때 제한성이 있고 한편, 라벤스크로프트의 시편가곡집은 곡(曲)이 어렵기 때문에 노래를 부르기가 힘들어서 청교도들의 후손들을 위해서라도 개역해야겠다는 것이었다.

이리하여 『연안 시편가집』에 수록한 시편가의 형식을 8·6·8·6조, 다시 말하면 보통 운율(common metre)을 중심으로 하여 여섯 가지(종류)로 통일했다. 초판은 악보가 없는 것으로 그 해당 페이지에 레벤스크로프트의 곡집에 있는 곡을 사용했다. 그리하여 제9판에 이르러(1689) 소프라노와 베이스의 두 개의 성부로 된 134 곡을 인쇄하였는데 대부분이 8·6·8·6조로 되었는데 이것은 1687년에 런던에서 출판한 플레이포드의 『음악 기능 입문』(Introduction to skill of Music) 제11판에 실려 있는 곡임을 알 수 있다.

그러나 『연안 시편가집』의 시편 영역 운율역은 구역보다는 다소 충실했으나 문학적으로는 세련되지 못했다고 한다. 그러나 이 시편가집은 영국계 식민지에서는 널리 사용되어 뉴 잉글랜드는 물론 펜실베이니아에까지 보급되어 1762년에 27판을 출판했다고 한다. 이리하여 『연안 시편가집』은 오히려 영국으로 거꾸로 보급되어 이곳에서도 1754년까지 20판을 출판했다고 한다.

2. 시편가 부르기의 쇠퇴와 노래학교

미국에 이민온 처음 세대의 사람들은 제법 음악적인

수준이 낮지 않았으므로 노래도 그런대로 부르고 그들 가운데는 음악가들도 있었다. 그러나 세월이 흘러 그들의 2세에 이르러서는 음악적인 교육을 이어받지 못했기 때문에 부모들처럼 시편가를 제대로 부르기가 무척 어려웠다.

그리하여 시편가집은 대개 악보가 없는 것이 많았고 혹시 악보가 있었다고 해도 독보력이 없었기 때문에 교회에서는 회중들이 알고 있는 몇 개의 곡(曲)에 맞추어서 부르는 것이 고작이었다. 그리하여 회중들이 부르는 곡은 점점 쇠퇴하였다. 뿐만 아니라 악보가 있는 시편가집이 계속하여 출판되지 않았으므로 예배드릴 때는 한 사람이 앞에 나와서 큰 소리로 한 줄 혹은 두 줄을 낭독하면 회중들은 그 소리를 듣고 따라 부르기도 했고 또한 선창자(pre-singer)가 부르면 그 뒤를 회중들이 따라서 불러보기도 했으나 회중들의 소리는 통일되지 않고 음정과 박자도 맞지 않아서 무슨 곡인지도 알 수 없을 정도였다고 한다. 그리하여 토마스 월터(Thomas Walter) 같은 사람은 이것을 해결하기 위하여 간단한 악보를 그려서 가르쳐 보기도 했으나 별로 효과를 얻지 못하여 부득이 많은 교회에서는 회중들이 잘 아는 4-5개의 곡에 가사를 붙여서 불렀다고 한다. 다시 말하면 하나의 곡에 여러 개의 가사를 불렀다는 것이다. 그러나 이러한 역경 가운데서도 꾸준히 노력한 결과로 노래학교(Singer School=회중이나 성가대원들이 시편가를 부를 수 있도록 훈련하는 학교)가 각지에 설립되어 새로운 노래집도 출판하기에 이르렀다. 이와 같은 일은·미국의 독립전쟁(1775-1783) 때의 상황이었다.
이 시대의 음악가 두 사람을 소개한다.

빌링즈(William Billings, 1746-1800)

빌링즈는 보스톤에서 태어나 독학으로 음악을 공부한 사람이다. 그는 미국 교회음악의 선구자 가운데 한 사람으로서 많은 시편가곡과 간단한 합창곡을 작곡해서 출판했다. 따라서 빌링즈는 푸가 형식(Fuguing Tune)을 모방하는 곡(본격적인 푸가는 아니다)을 좋아했다. 그런데 아쉽게도 우리 나라 찬송가에는 그의 작품이 없다.

홀덴(Oliver Holden, 1765-1844)

매사추세츠주에서 태어난 홀덴은 그 당시에 아마튜어 음악가로서 활동했다. 왜냐하면 그의 직업은 목수였는데 후에 부동산업으로 성공하여 재력이 생겨 그의 뜻대로 각지에 노래학교를 설립했다. 그런데 찬송가로서 그의 유일한 작품(곡)은 단 한 편뿐인데 그것이 바로 "주 예수 이름 높이어"(통일 찬송가 36장, J. Ellor 〈37장〉의 작품과 구별하라)이다. 1789년에 미국 초대 대통령으로 워싱톤(Washington)이 취임한 후 보스톤을 방문했을 때 보스톤 시당국이 홀덴에게 대통령을 방문하는 노래를 작사, 작곡하여 연주할 것을 부탁하여 그가 직접 지휘했다는 실화가 있다.

홀덴은 시편가곡을 여러 편 작곡하여 출판했으나 오늘

날 그의 작품을 찾아보기가 매우 힘들다고 한다. 그런데 홀덴을 더욱 유명하게 만든 것은 1793년에 그의 맏딸이 세상에 태어났을 때 너무 기뻐서 "대관식"(Coronation)이라고 이름을 붙여서 작곡해서 연주했는데 이 곡은 빌링스와 같은 기법을 썼다고 한다. 오늘날도 홀덴의 "대관식"이 널리 불려지고 있다.

3. 미국 초창기 찬송가

독립전쟁이 한창이었을 때 미국의 찬송가 시대는 점점 쇠퇴하고 영국의 와츠(I. Watts)와 웨슬레(C. Wesley)와 같은 그 당시의 새로운 창작 찬송가가 널리 보급되어 불려지는 한편, 미국에서도 찬송가 창작활동이 활발하게 시작되었는데 그 시대의 찬송가 작가들을 살펴보기로 한다.

드와이트(Timothy Dwight, 1752-1817)

드와이트는 미국 매사츄세츠주에서 태어나 예일대학교에 13살의 어린 나이로 입학하여 17살 때 졸업한 후 모교에서 조교로 있다가 군에 입대하여 군목 생활을 하다가 예편한 후에 회중파교회 목사가 되었다. 그후 1796년에 모교인 예일 대학교 총장으로 추대되어 22년 동안 봉직했다. 그는 교육가, 문필가, 또한 목사로서 널리 이름이 알려져 와츠의 시편가와 찬송가를 개정하여 『드와이트판 와츠』(Duight's Watts)를 출판하여 유명해졌다. 이 책에는 와츠의 시편가에 그의 자작시 33편을 추가 했다. 그 가운데 한 편이 "내 주의 나라와"(246)라는 제목으로 통일찬송가에 수록되어 있다.

헤이스팅즈(Thomas Hastings, 1784-1872)

비교적 우리 나라 찬송가에 널리 알려진 헤이스팅즈는 뉴욕주 워싱톤에서 내과 의사의 아들로 태어나 학교에 다니면서 독학으로 음악을 공부했다. 18살 때부터 교회성가대를 지휘하면서 600 편 이상의 가사와, 1,000 곡이 넘는 찬송가를 작곡했다. 그의 작품 가운데는 시편 2편과 7개의 찬송가가 있는데 그것은 모두 전도를 위한 웅장한 노래였으나 너무 낙관주의적인 전도관이 현대에는 적합하지 않다고 하여 오늘날에는 미국의 큰 교파의 찬송가집에서 삭제되는 경향이 있다고 한다. 그의 작품 가운데 "찬양 성부 성자 성령"(6, 곡), "빛나고 높은 보좌와"(27, 곡), "만세반석 열리니" (188, 곡), "이 세상 풍파 심하고"또한 (247, 곡), "시온의 영광이 빛나는 아 침"(248, 가사), "나 그네와 같은 내가"(422, 곡), "자비하신 예수여"(450, 가사) 등이 통일 찬송가에 수록되어 있는데 그 가운데서도 "만세반석 열리니"는 오늘날도 온 세계의 교회에서 널리 불려지고 있다.

4. 각국의 이민과 찬송가

17세기부터 18세기에 걸쳐서 유럽의 각 나라에서 미국으로 이민왔다. 그와 동시에 그들은 여러 가지의 민족적, 종교적인 배경을 가진 찬송가집을 가지고 북미 동해안에 있는 아팔래치아(Appalachia) 산지에 이민온 아일랜드 사람과, 스콜틀란드에서 이민온 농민들은 각각 자기 나라의 민요적인 선율과 비슷한 찬송가곡으로 미국 찬송가 역사에 크게 공헌했다. 이리하여 "민요적인 찬송가"(folk hymnody)는 근년에 이르러서 "흑인 영가"에 대한 "백인영가"라고 부르기에 이르렀다.

백인 영가는 소박한 5음계 혹은 6음계로 된 곡이 많은데 이것은 동양인들의 감정과 비슷하다. 통일 찬송가에 GOLDENHILL이라는 곡명을 붙여서 "아무 흠도 없고"(281), "교요한 바다로"(503), "이 곤한 인생이"(536)라는 제목으로 수록되어 있는데 이 찬송가들은 전도집회 때 불려지다가 그후에는 부흥회 때에도 불려지면서 야외집회 노래(camp meeting song)이나 복음송가(gospel song)의 모체가 되었다고 한다.

특히, "나 같은 죄인 살리신"(405)은 영국의 뉴톤(J. Newton) 목사의 자서전적인 찬송가인데 이상하게도 영국에서도 널리 불려지지 않고 오히려 이 새로운 곡이 미국에서 널리 불려져서 먼저 미국 남부에 있는 백인 농민들이 부르기 시작하여 점점 대중적으로 각 교파에 퍼졌다. 그리하여 일부에서는 서민적이고 대중적으로 편곡하여 불렀다.

1) 야영집회 노래(Camp Meeting Song)

18세기에 접어들면서 미국의 개척사업은 서쪽으로 넓혀 나아갔다. 물론 개척지의 사람들의 생활 수준이나 도덕 수준은 일반적으로 낮았지만 현저하게 눈에 띠게 나타난 것은 18세기 중엽부터 일어난 부흥운동이었다. 부흥(revival) 이라는 말은 믿음이 없거나 식은 사람들의 마음에 확신과 용기를 주어 다시 열렬한 믿음을 가지도록 하는 것으로, 이러한 현상은 개인적으로 체험하는 현상도 있고 또한 대중전도 집회 때 영적인 설교자의 말씀에 감화받아 회개하는 일도 있다.

미국에서의 대중전도 집회의 시작은 1740년 경인데 이와 같은 일은 회중파교회 목사인 존 에드워즈(John Edwards)였다. 이리하여 많은 전도 집회가 열렸는데 이것을 대각성운동(Great Awakenig Movement)이라고 하였다. 그러므로 이러한 집회 때에 부른 노래는 주로 와츠의 시편가와 찬송가였는데 이것을 미국에서 여러 사람들이 출판하여 초기의 전도 집회 때에 공급했다. 그 가운데 하나가 앞에서 소개한 『드와이트판 와츠』(Dwight's Watts)이다.

이리하여 개척 시대인 1800년에 대전도 집회가 남부 켄터키주에서 일어나기 시작했다. 그들은 야외에 천막을 치고 예배드리는 것을 야외 집회(camp meeting)라고 했는데 그와 동시에 이러한 집회가 각지에 파급되어 그때 부르는 노래를 "야외집회 노래"라고 했는데, 그와 동시에 이러한 집회가 각지에 파급되어 그때 부르는 노래를 "야외집회 노래"라고 하는 새로운 찬송가가 나타나기 시작했다. 그러나 이러한 일을 하기 위해서는 개척자들이 아주 쉽게 기억하여 부를 수 있는 단순한 가사와 곡으로 된 찬송가를 만들었는데 주로 죄인들을 구원하는 내용이었다. 또한 많은 회중들이 따라 부를 수 있도록 후렴을 붙인 것이 특징이다. 그리고 회중들이 열심히 불러서 기억할 수 있도록 각 절마다 전반부는 독창자가 부르고 후반부는 후렴으로 된 것을 회중들이 따라 불렀다고 한다.

야외 집회는 본래 장로교회파를 중심으로 하여 일어났으나, 1820년대에 이르러서는 감리교회파와 침례교회파가 중심이 되었다. 우리가 현재 알고 있는 성결교회파(Holyness)는 이때에 감리교회에서 일어난 것이다.

2) 흑인 영가

19세기초 이후에 값싼 노동 임금을 받고 미국 남부의 농경 지대에 팔려온 아프리카의 흑인 노예들은 새로운 형식의 찬송가에 크게 공헌했다. 천대와 멸시를 당하면서 일하는 흑인들은 그들의 고향 아프리카의 민요의 선율이나 리듬에 미국 백인 영가와 찬송가 등의 영향을 받아서 부르게 된 것이 흑인 영가라고 한다. 그후 흑인들이 노예로부터 해방된 남북전쟁 때부터 흑인 영가가 백인 사회에도 널리 알려져서 흑인들만이 공부하는 휘스크 대학(Fisk College, 테네시주의 나쇼날 흑인 대학)의 학생과 졸업생들이 설립한 The Jubillee Singers 합창단이 미국 각지와 또한 영국에까지 가서 공연한 일도 있다. 흑인 영가는 본래 오늘날과 같이 다성(多聲)으로 되어 있지 않고 가사와 멜로디가 단순하여 그들이 일하면서 쉽게 불렀다고 한다.

20세기 후반에 들어서면서 미국의 개혁주의 교회 찬송가에도 흑인 영가가 수록되기 시작하였고 우리 나라에서도 해방 후부터 많은 합창단에서 흑인 영가를 부르게 되었다. 우리 나라 찬송가에 수록되어 있는 "거기 너 있었는가"(136)는 그 대표적인 예이다.

우리들이 흑인 영가의 가사를 자세히 살펴보면 거의 구약성서에 바탕을 둔 것을 알 수 있다. 흑인들이 노예 생활을 하면서 자유의 세계를 갈망하는 염원을 노래로 나타냈을 때 그들은 백인들로부터 배운 성서에서 이스라엘 백성이 당하던 고난과 역경을 자기들의 경우와 같이 생각하며 모세를 비롯하여 구약성서에 있는 많은 영웅적인 인물 가운데서 그들의 해방자를 그리면서 그들의 아픈 마음을 영가로 묘사했다. 그러므로 흑인 영가는 애조를 띤 곡이 많은데, 반면에 흑인 음악 특유의 강한 비트(beat), 다시 말하면 북을 치거나 아니면 싱코페이숀(syncopation)을 강조하는 곡이 많고 따라서 주로 5음계를 사용한 선율이 그 특색이다.

우리가 흑인 영가의 내용을 잘 살펴보면 거의 하늘 나라와 이 땅 위에서의 자유를 그리고 있는데 그 대표적인 것이 "깊은강"(Deep River)이다. 이 영가 가운데 있는 "요단강을 건너서"라는 말은 영원한 하늘 나라에서 편안하게 쉰다는 표현인데 19세기 중엽까지는 미국 남부의 흑인 노예들의 마음에는 항상 자유스러운 하늘 나라를 사모하면서 노예제도가 없었던 북부 미시시피강 유역의 오하이오로 도망하는 일이 많았다고 전해진다.

또한 "병거를 타고"(Ride the Chariot)는 구약성서 열왕기서에 있는 내용인데, 예언자 엘리야가 하늘에서 내려온 불마차를 타고 하늘로 올라갔다는 광경을 묘사하고 있다.

흑인 영가가 가지고 있는 또 한가지의 특징은 리드믹하고 빠른 템포와 리듬이다. 그 예로 "마른 뼈"(Dry Bones)는 구약성서 에스겔서 37장의 내용으로 에스겔이, 마른 뼈들이 살아나는 환상을 보고 노래한 것이라든가, "여호수아 성을 쳤네"(Joshua fit the Battle of Jericho)는 구약성서 여호수아서 6장의 내용으로 여리고성을 함락한 것을 노래한 것인데 일반적으로 찬송가집에는 거의 수록되어 있지 않다. 그런데 어떤 사람들은 이러한 영가의 빠른 템포와 리듬에서 째즈음악이 발생했다고 한다.

5. 19세기 전반기의 미국 찬송가

19세기에 이르러 미국 찬송가가 많이 창작되어 발표되었는데 그 작가들은 각 교파의 성직자들과 신도들에게 이르기까지 각 교파 나름대로 특성을 나타냈다. 이 시기에는 확실히 청교도(신학적으로는 칼빈주의, 교파적으로는 장로교회파, 개혁파, 회중파 등)와 미국 성공회(미국국교회파)의 작가들이 많았다.

브라운(Phoebe Hinsdale Brown, 1783-1861)

뉴욕에서 태어나 어릴 때 부모를 여의고 고학하면서 자라난 브라운 여사는 회중파교회에서 신앙생활을 하면서 23살 때에 페인트 가게를 하는 브라운과 결혼하여 가난하지만 청빙한 생활을 했다. 브라운 여사는 경건한 청교도적인 생활을 하면서 창작한 신앙적인 찬송시를 썼다. 그 가운데 하나가 "잠시라도 주님께 더 가까이"(steal awhile away)가 있다. 브라운 여사는 네 자녀를 양육하면서 항상 경건한 신앙생활을 했다는 것이 그의 이웃 사람들의 말이다.

돈(George Washington Doane, 1799-1859)

뉴욕시에서 태어나 교육을 받은 후 우수한 성적으로 대학을 졸업하고 법률가로서 출세할 것을 포기하고 신학을 공부하여 미국 성공회의 사제가 되어 1821년에 뉴욕시 삼위일체교회의 부목사가 되었다. 그후 두세 곳에서 목회생활을 한 후에 뉴저지주의 주교가 되어 교구(敎區)의 발전과 기독교교육의 발전을 위해서 일했다. 그가 25살 때 최초로 찬송가집에 수록한 것 가운데 "주의 햇빛 저무니"(softly now the light of day)가 있다. 현재 우리가 사용하고 있는 통일 찬송가에는 작사자가 피득(A. A. Pieters)으로 되어 있는데 개편 찬송가에는 돈이 시편 141편에 의해서 작사한 것으로 되어 있을 뿐만 아니라 *Our Hymnody*, Robert Guy Mccutchan, p.74, Abingdon Press, 1937에도 돈의 작품으로 되어 있다. 이 문제에 관해서는 앞으로 연구해야 할 과제이다.

베튠(George Washington Bethune, 1805-1862)

뉴욕에서 태어나 프로테스탄트 신학교를 졸업한 후 목회생활을 하기 시작하여 동부에 있는 개혁파교회 목사로 봉직하다가 뉴욕 대학 총장으로 초빙받았으나 총장직을 사양하고 평생 동안 오직 교회를 섬기다가 만년에 건강이 악화되어 이탈리아에 가서 요양하였다. 스코틀란드 플로렌스에서 어느 주일예배 때 설교 하다가 갑자기 세상을 떠났다. "천지에 있는 이름 중"(101)이라는 제목으로 통일 찬송가에 수록되어 있는데 이 찬송시는 그의 대표작이다.

파머(Ray Palmer, 1808-1887)

로드 아일랜드주에서 법률가의 집에서 태어난 파머는 보스톤에서 교육을 받고 이곳 저곳 가게서 점원으로 일하면서 그곳에 있는 회중파교회에 다녔다. 그후 예일 대학을 졸업하고 다시 신학을 공부한 후 27살 때 회중파교회의 목사가 되어 30년 동안 목회 생활을 하다가 회중파 교단 본부에서 10년 동안 근무했다.

통일 찬송가에 "못박혀 죽으신"(435)이라는 제목으로 수록된 이 찬송가는 대학을 졸업한 해에 쓴 것이다. 파머는 이 찬송가를 "겸손한 마음으로 쓰기 시작하여 눈물로 마쳤다"라고 말했다. 그러나 파머는 이 찬송시를 노트에 적어 두었다가 2년 후에 친구인 메이슨(L. Mason)이 새로운 찬송가집을 출판하기 위해서 부탁했을 때 이 찬송시를 주었다고 한다. 메이슨은 이 찬송시를 받아 가지고 집에 가서 읽어보고 너무 감동하여 세계적으로 유명한 찬송가를 작곡하겠다고 결심했다고 한다. "아버지여 이 죄인을" (334)도 파머의 찬송시이다. 파머는 라틴어를 영어로 번역한 찬송시 작가이기도 하다.

스토우(Harriet B. Stowe, 1812-1896)

스토우 여사가 유명해진 것은 그녀의 소설 『톰아저씨의 오두막집』(Uncle Tom's Cabin, 1852) 때문이다. 대학에 다닐 때 문필에 재능이 있다고 인정되어 20살 때 신시나티로 옮겨 그곳에서 회중파교회의 목사요 신학교 교수였던 칼빈 스토우(Calvin E. Stowe)와 결혼했다. 그후 메인주로 집을 옮겨 『톰아저씨의 오두막집』을 썼는데 이것은 실제로 보고 들은 노예들의 불쌍한 생활상을 그린 것으로서 그녀의 나이 41살 때의 일이다.

드와이트(John Sullivan Dwight, 1813-1893)

음악평론가인 드와이트는 보스톤에서 태어나 하바드 대학을 졸업한 후에 유니테리안파 교회의 목사가 되었으나 목회를 그만두고 고전학과 음악을 가르치는 교사가 되어 그 당시 미국 동부에서 유행하던 초월주의라고 하는 유토피아적인 공산사회 집단에 가담했다. 그후 1852년에 드와이트는 『드와이트 음악신문』(Dwight's Journal of Music)을 창간하여 미국의 음악비평가로서 선구적인 역할을 했다.

프렌티스(Elizabeth Payson Prentiss, 1818-1878)

장로파교회의 여류 찬송가 작가로서 16살 때 그 당시에 청소년들을 위한 잡지에 찬송시를 기고한 것이 당선되어 널리 알려지게 되었다. 그후 많은 작품을 쓰면서 학교 교사로 근무하다가 뉴욕 신학교 교수인 조지 프렌티스(George L. Prentiss)와 결혼하였다. 그녀는 결혼한 후에도 많은 작품을 발표했는데 그 가운데는 20만 부나 팔린 청소년들을 위한 종교생활 잡지가 있다고 한다. 통일 찬송에 "내 구주 예수로 더욱 사랑"(511)라는 제목으로 수록되어 있는 이 찬송가는 개인적으로 인생의 슬픔과 고통을 체험한 후에 쓴 찬송시인데 1869년에 발표하여 다음 해인 1870년에 대부흥회 때 불려지기 시작하여 온 세계에 널리 알려진 찬송가이다.

콕스(Arthur C. Coxe, 1818-1896)

뉴욕의 장로교회파의 가문에서 태어난 콕스는 대학교에 다닐 때 아버지와 교리적인 문제로 성공회로 전향하여 성공회 제네랄 신학교를 졸업하고 사제가 되어 뉴욕 서교구의 주교가 되었다. 엄격하고 정열적인 콕스는 젊었을 때 많은 찬송시를 썼다. 그후 미국 성공회 찬송가 위원으로 일했으나 그의 생존 중에는 그의 찬송시를 성공회 찬송가집에 절대로 수록하지 않았다고 한다.

더필드(George Duffield, 1818-1888)

"십자가 군병들아"(390)의 찬송가 작사자로 유명해진 더필드는 장로파교회의 목사였다. 예일 대학과 유니온 신학교를 졸업하고 1840년 이후에 미국 동부와 중서부의 장로파교회에서 목회하면서 잡지사와도 인연을 맺었다.

"십자가 군병들아"는 그의 대표적인 찬송가(시)인데 1858년에 필라델피아에서 목회를 하고 있을 때 그의 동료인 팅(Tyng) 사제가 세상을 떠나기 전에 "예수를 위해 일어나라"(Stand up for Jesus)라는 설교를 듣고 작사한 것이다. 그런데 이 찬송가의 곡은 웨브(Georg J. Webb)가 배를 타고 미국으로 가다가 작곡한 세속적인 가곡이었는데 10년 후에 이 찬송시에 맞추어서 널리 보급되었다.

호퍼(Edward Hopper, 1818-1888)

뉴욕에서 태어나 유니온 신학교를 졸업하고 장로파교회 목사가 된 호퍼는 그 당시 미국의 통속적인 찬송가 작가였다. 호퍼는 배들이 정박하고 출항하는 항구에서 수십년 동안 목회를 한 후에 뉴욕시 선원 가족교회의 목사가 되어 오랫동안 봉직했다. 호퍼의 "나는 갈 길 모르니"(421)는 "인생은 항해하는 것으로 생각하여 예수님이 인도자가 되신다"는 것을 노래한 것으로 보아 그의 신앙 체험이 반영된 것이라고 할 수 있다.

길모아(Joseph Henry Gilmore, 1834-1918)

보스톤에서 태어난 길모아는 침례교회 목사로 브라운

대학과 뉴톤 대학을 졸업하고 미국 동부에서 침례교회에
서 목회를 하다가 후에 로체스터신학교 교수가 되었다.
통일 찬송가에 "예수가 거느리시니"(444)라는 제목으로
수록된 이 찬송가는 필라델피아에 있는 침례교회에서
목회를 할 때 시편 23편을 내용으로 설교한 후에 그 내용
을 간추려서 만든 찬송가이다.

1) 메이슨과 브레드베리

19세기 미국의 교회음악과 음악교육, 따라서 작곡가로서
잊어서는 안 될 메이슨과 브레드베리가 있다.

메이슨(Lowell Mason, 1792-1872)

매차추세츠주에서 태어나 독학으로 음악을 공부한 메이
슨은 20살이 되는 해에 이르러 모든 악기를 연주할 수
있게 되었고 은행에 근무하면서, 한편으로 성가대를 지휘
하였다. 메이슨이 30살 때에 출판한 성가집이 큰 호평을
받아 보스톤에 있는 헨델 하이든협회의 지휘자로 임명되
었다. 1827년에 보스톤에 정착하여 보스톤 스트리트교회
성가대 지휘자로서 유명해졌다. 한편, 메이슨은 교회성가대
와 회중들이 노래부르는 방법이 시급하다고 생각하여
1832년에 보스톤 음악학교를 설립하였고 또한 교회음악
향상을 위하여 국민학교의 음악교육이 절실하다고 생각하
여 1838년에 보스톤시 당국에서는 음악을 국민학교의
정규 교과목으로 정하였다. 따라서 음악 교사를 양성하여
미국의 음악적인 수준을 전반적으로 향상시켰다. 그의

창작 이외에도 유럽에서 옛 성가, 기악곡, 그리고 성악곡 등에서 힌트를 얻어 편곡이나 개작하는 일에도 공헌이 컸다. 메이슨의 찬송가는 1600곡이나 되는데 그 가운데 그의 창작이 1126 곡, 나머지 497 곡이 편곡한 것이다.

브레드베리(William Batchelder Bradbury, 1816 —1868)

브레드베리는 메이슨의 제자 가운데 한 사람이다. 브레드베리가 20살 때 메이슨에게 발탁되어 메인주 마티아스 노래학교에서 학생들을 지도하였고 25살 때 뉴욕 브룩클린의 침례교회의 성가대장으로 있었다. 그후 라이프찌히에 유학하였다가 2년 후에 귀국하여 주일학교를 위한 찬송가를 작곡하는 데 힘쓰는 한편, 피아노 제작자로 성공했다.

브레드베리의 곡은 부르기가 쉽고 정서적인데, 그 대표적인 찬송가(곡)이 "찬송하는 소리 있어"(44), "우리 구주 나신 날"(121), "날 구원하신 예수를"(196), "내 주를 가까이"(364) 등이다.

6. 19세기 후반기의 미국 찬송가

지금까지 미국 찬송가로서 걸맞지 않았던 것은 주로 청교도파(회중교회파, 장로교회파, 개혁교회파)가 중심이었으나 시대가 지나감에 따라 다른 파에서도 찬송가 작가가 나타나기 시작했다.

그 가운데서도 특색이 있는 것은 유니테리안계로서 그 당시 유럽에서 그 세력을 확장하기 시작하여 자유신학의 영향을 받은 사람들의 찬송가를 말하는데 복음가

(gospel song)의 범람이 19세기 후반에 비가 온 후에 새싹이 돋아나는 것처럼 찬송가 창작 시대가 열렸다.

1)유니테리안 찬송가 작가들

19세기에 기독교계에서 큰 세력을 장악하게 된 유니테리안파와 그 주변의 찬송가 작가들에게 관해서 살펴보기로 하겠다.

유니테리안(단일성논자)은 글자 그대로 하나님의 단일성(單一性)을 주장하여 정통적인 교회의 전통과 교의의 삼위일체론을 반대하는 초대교회 때부터 있었던 한 종파이다. 고대의 아리우스파도 그러했고 종교개혁 시대에도 이와 비슷한 사상이 있었다. 그러나 오늘날 유니테리안파는 주로 근세에 미국과 영국에서 발달한 사상을 말한다. 유니테리안들은 그리스도의 신성을 부정하고 오직 위대한 인간으로만 보는 근세의 합리주의에서 생긴 것인데 1774년에 런던에 유니테리안 교회를 설립하여 19세기 초에는 공인된 교회가 되었다.

미국에서도 1783년에 보스톤에서 가장 오래된 성공회의 교회가 유니테리안으로 변모한 후에 뉴잉글랜드 각지에서 회중파교회를 중심으로 하여 그 세력이 팽창되어 합리주의와 휴머니즘에 병행하여 하나의 사상적인 유행으로 기울어졌다. 이때의 찬송가 작가 몇 사람을 살펴보겠다.

로웰(James Russel Lowell, 1819-1891)
하바드 대학을 졸업한 로웰은 학교를 졸업한 후에 변호

사로 일했으나 글을 쓰는 일에 뛰어나 문필생활을 하다가 모교에서 근대어와 문학을 강의하는 한편, 외교관으로서도 활약했다. 어느 특정한 교파에는 속해 있지 않았으나 사상적으로는 유니테리안에 가까왔으며 그의 지적인 시(詩)는 그 당시에 각광을 받았다. 로웰은 찬송가 작가라고 하기에는 부적당하지만 19세기의 미국 찬송가 가운데 가장 특색있는 "어느 민족 누구게나"(통일 찬송가 521)의 작가인 동시에 노예제도 폐지론자이기도 하다.

시어즈(Edmund Hamilton Seans, 1810-1876)

예수님의 탄생을 아름답게 묘사한 "그 맑고 환한 밤중에"(112)의 작사자이다. 유니테리안파에서 교육을 받고 유니온 대학교를 졸업한 후에 다시 하바드 대학 신학부에서 공부한 후, 목사 안수를 받았다. 시어즈는 두서너 곳에서 목회를 하면서 잡지사 기자, 작가 그리고 시인들과 함께 활약했다. 시어즈는 유니테리안파의 목사였으나, 후에 그리스도의 신성(神性)을 믿고 유니테리안파에서 돌아섰다고 한다. "그 맑고 환한 밤중"에는 단순한 크리스마스를 위해 쓴 서정적인 시라기보다 오히려 하늘 나라에 소망을 둔 찬송가라고 하는데에 그 특색이 있다. 곡은 미국의 음악가요 음악비평가인 윌리스(R.S.Willis)가 아름다운 6박자의 패스토괄풍(Pastorale)으로 미국이 나은 아주 특색있는 크리스마스 캐롤이다.

롱펠로우(Henry Wardsworth Longfellow, 1807-1882)

19세기 미국의 문호 롱펠로우는 메인주에서 태어나 보스톤 대학을 졸업하고 유럽에 유학하고 돌아와서 모교인 보스톤 대학과 하바드 대학에서 근대어학 교수로 있었다. 학생 시절 때부터 그의 시적인 재능이 인정되어 많은 시를 발표하여 널리 알려졌으며, 특히 그의 낭만적인시 "에반젤린"(Evangeline, 1847)과 미국·인디안의 전설을 엮은 "하이아와타의 노래"(The song of Hiawatha, 1855)를 발표하여 더욱 그의 명성이 높아졌다. 그가 1864년에 쓴 작품 가운데 크리스마스를 위한 시가 있는데 이 작품은 원래 찬송가집에 수록하기 위해서 쓴 것이 아니었다. 그런데 후에 "나는 크리스마스 종소리를 들었네"(I heard the bells on Christmas day)라는 제목으로 찬송가집에 수록되었는데 아깝게도 우리 나라 찬송가집에는 수록되어 있지 않다.

2) 미국의 복음성가

20세기에 접어들면서 미국은 급격한 공업화로 말미암아 사회적으로 많은 문제들이 대두되었다. 리츨(Ritschl)이 주장한 "하나님 나라운동"이 이러한 사회 불안 가운데서 라우센부쉬(Rauschenbush, 1861-1918)를 지도자로 한 사회적 복음운동을 일으켰다.

이 운동은 기독교의 복음을 사회와 개인의 윤리에 적용하여 인도주의적으로 노동자의 복지와 평등을 주장하고 나섰다. 그러나 이 운동은 개인적인 신앙에서 사회적인 개혁을 하려고 했기 때문에 사회의 경제적인 구조를 생각하지 않고 또한 인간의 죄를 심각하게 생각하지 않았기 때문에 점점 깊어가는 사회의 모순에 대응하지 못하고 제2차 세계대전이 일어나기 전까지 침체되었다. 그러나 이 운동은 20세기 초 미국교회를 크게 자극하여 찬송가를 많이 창출하게 되었는데 그것이 곧 복음성가이다.

  복음성가에 대해서는 찬·반론이 많다. 찬송가는 장엄하고 거룩해야 한다는 견해와, 많은 사람들이 쉽게 부를 수 있는 대중적인 성가가 필요하다는 견해가 있다. 우리 나라에서도 이 문제에 관하여 여러 가지 논란이 있다. 그러나 찬송가와 복음성가를 엄격하게 구별하여 일반 신도들에게 알리는 것이 찬송가를 연구하는 사람들의 책임이라고 생각한다. 여기에서는 복음성가에 관해서 더 설명하지 않고 20세기 미국의 복음성가 작가들을 소개하기로 한다.

  글래든(Washington Gladden, 1836-1918)
  파커(Edwin Pond Parker, 1836-1925)
  벤슨(Louis Fitz Gerald Benson, 1889-1962)
  하이드(William De Witt Hyde, 1858-1917)
  메릴(William Pierson Merrill, 1867-1954)
  트위디(Henry Hallam Tweedy, 1868-1953)

8
한국 찬송가

8
한국 찬송가

1. 초기 찬송가

우리 나라에 기독교가 들어온 후 최초로 찬송가가 발행된 것은 1892년이지만 그 이전에 이미 중국 찬송가, 영·미 찬송가 그리고 한국 찬송가가 보급되어 있었다. 예를 들면, 중국 찬송가 "主耶蘇愛我"(통일 찬송가 411장)와 배재학당에서는 1886년부터 창가 과목을 두어 찬송가를 가르쳤고 그리고 1884년에 언더우드 목사가 발행한 『찬양가』가 있었다.

한국 찬송가 발달 과정에 대하여 체계적이고 역사적인 확실한 자료가 없지만 있는 자료에 의해서 살펴보기로 한다.

1) 중국 찬송가

언더우드(H.G. Underwood) 목사와 아펜젤러(H.G. Appenzeller) 목사가 우리 나라에 들어 오기 전에 개신교 교인들은 찬송가를 부르고 있었다. 이렇게 찬송가를 부를 수 있었던 것은 로스(J. Ross) 목사와 매킨타이어(J. McIntyre) 목사의 한국어 교사였던 이응찬(李應贊)이 세례를 받고 그 뒤를 이어 이성하(李成夏), 백홍준(白鴻俊), 김진기(金鎭基), 서상륜(徐相崙), 서경조(徐景祚) 등이 세례를 받고 신자가 되어 중국 찬송가를 배웠다.

이리하여 그들은 각처로 돌아다니면서 전도하여 신자들이 은밀한 가정에 모여서 예배드리면서 찬송가를 불렀다고 한다.

2) 영·미 찬송가

1885년 5월에 아펜젤러 목사가 설립한 배재학당에서는 다음 해인 1886년부터 창가 과목(음악과목)을 두고 학생들에게 찬송가를 가르쳤을 뿐만 아니라 1886년에 설립한 이화학당과 1892년에 설립한 인천 영화학교에서도 음악을 가르쳤는데 창가(음악) 시간에는 영어 찬송가를 가르쳤으나 얼마 후에 영어를 한글로 번역해서 가르쳤다.

3) 한국 찬송가

언더우드 목사가 1884년에 93장으로 엮어진 『찬양가』와 감리교가 72장으로 엮어서 발행한 『찬미가』에 백홍준의 찬송시와 한국 사람의 찬송시가 9편이 수록되어 있다.

한국의 개신교 신자들은 개화기에 접어들면서 날로 기울어져가는 나라를 염려하여 황제에 대한 충성심과 나라 사랑, 민족 사랑에 대하여 애국적인 찬송시를 많이 썼다. 물론 그때만 해도 찬송가라는 개념이 희박했으므로 그러한 노래를 찬송가에 수록하여 불렀다는 것은 그때의 상황에서 어쩔수 없는 처지였던 것같다. 가사는 주로 독립 운동가와 애국지사들이 썼고 곡은 외국의 민요나 국가에 맞추어 불렀다.

한편, 외국어를 한글로 번역하는 데 있어서는 매우 미숙했다. 예를 들면, 울율, 억양, 절 등에 결함이 많았다. 그러므로 이미 작곡되어 있는 곡에 우리 나라 말을 붙여서 노래를 부르니까 어색하고 힘들었다는 것은 쉽게 알 수 있다.

2. 최초의 찬송가

1) 찬미가(감리교)

우리 나라에서 최초를 찬송가가 발행된 것은 1892년에 감리교 선교사인 존스(George A. Jones)와 로드와일러(L. C. Rothweiler)가 함께 편집하여 펴낸 무곡으로 된 『찬미가』이다. 그런데 이것은 영어 찬송가 30곡 정도를 한국말로 번역해서 감리교에서 사용했다.

2) 찬양가(장로교)

지금까지는 곡조가 없는 찬송가를 사용해왔으나 1893년에 비로소 언더우드 목사가 악보가 있는 117곡으로 엮은 『찬양가』를 발행했다. 그런데 이 『찬양가』에는 영국 찬송가가 79편, 미국 찬송가가 23편, 시편 찬송가가 1편, 한국 찬송가가 9편, 주기도문 송영 1편, 그 외가 1편 모두 117편으로 엮어졌다.

『찬양가』를 발행하려고 할 때의 본래 의도는 장로교와 감리교에서 함께 사용하기로 감리교의 존스 목사와 장로교의 언더우드 목사가 합의를 했으나 그때 존스 목사가 미국에 2년 가까이 체류하고 있었으므로 언더우드 목사는 각 교회에서 부르는 찬송가를 수집하여 1894년에 『찬양가』를 발행했다. 이리하여 감리교측에서는 이 『찬양가』를 사용하지 않기로 결정하고 감리교에서 사용할 『찬미가』를 따로 발행하기에 이르렀다. 그 이유는 『찬양가』를 발행할 때 장로교가 일방적으로 편집하였고 영어의 God도 장로교측에서 임의로 번역했다는 것이다.

3) 찬미가(감리교)

감리교측에서는 장로교와 공동으로 사용하기로 했던 『찬양가』를 사용하지 않기로 결정하고 로스 목사와 로드와일러 목사는 1892년에 발행했던 『찬미가』에 새로운 찬송가를 보충하여 81장으로 엮어서 1895년에 무곡으로 발행했다. 그런데 이 『찬양가』에는 주로 복음적인 것과 절기에 필요한 것, 특히 God을 "하나님"으로 번역하여 불렀다. 그러나 번역상의 문제는 여전히 남아 있어서 『찬미가』 서문에 "…하나님께서 한국인 찬송가 작가를 주실 때까지 개척자요 중간적인 찬송가로 사용하도록…"라고 기록되어 있다.

4) 찬셩시(장로교)

언더우드 목사가 발행한 『찬양가』가 장로교에서 공인받지 못하여 1895년에 북장로교 선교사 리(Grahan Lee)와 기포드(Mrs. M. H. Gifford)가 공편해서 발행한 『찬셩시』가 있는데 초판에는 54곡이 수록되었으나 그후 1898년 재판 때는 83곡, 1900년 삼판 때는 87곡을 수록했다.

위에서 살펴본 대로 한국의 초기 찬송가들은 주로 장로교와 감리교에서 발행했는데 주로 외국 찬송가를 번역했으므로 어휘나 가사가 곡에 맞도록 번역하기가 매우 어려웠다.

3. 장·감 연합 찬송가

한국에 언더우드 목사와 아펜젤러 목사가 들어온 지 20년 후인 1905년 9월에 장로교 선교사들과 감리교 선교사들은 좀 더 효과적인 선교를 위해서 선교연합기구를 설립하자고 의견을 모았다. 왜냐하면 주님의 복음을 전파하기 위해서는 교파를 초월하며, 특히 교인들이 예배를 드릴 때 통일된 찬송가를 불러야 한다는 것이었다. 그리하여 베이랄(Mrs. W. M. Bairal) 부인, 밀러(F. S. Miller) 목사, 그리고 벙커(D. H. Bunker) 선교사들은 편집위원회를 구성하여 1) 장·감 양교회에서 사용하는 찬송가를 토대로 하여 개정 2) 새로운 찬송가도 개정 증보 3) 가사는 존경어로 4) 교회에 적합한 것을 선택한다는 데 의견의 일치를 보았다. 이리하여 탄생된 것이『신정 찬송가』이다.

1945년 8월15일 일본이 연합군에게 무조건 항복하므로 우리 나라는 해방되었다. 그러나 많은 교인들은 찬송가집이 없는 것을 전해 들은 Korean Committe Far East Joint Office에서 1946년에 대한기독교서회에 무상으로『신정 찬송가』와『신편 찬송가』를 각각 4만부씩 8만부를 보낸 것을 교인들에게 팔아서 그 수익금으로『신편 찬송가』 3만부를 제작하여 보급했다.

한편, 일제 때 강제로 통합되었던 각 교단은 각각 자기 교단을 구성하였으나 찬송가집만은 하나로 만들어서 합동으로 사용하자고 하여 1946년에 찬송가 연구위원회를 조직하여『찬송가』(합동)를 발행했다. 그러나 세월이 흐르면서 각 교파 사이에 의견의 차이로 교려파측에서는『새 찬송가』, 장·감·성파에서는『개편 찬송가』를 발행하여 사용하다가 1983년 12월12일에『찬송가』라는 이름으로 통일 찬송가를 발행했으나, 가사가 통일되어 있지 않고, 한국 사람의 찬송가가 줄어들었고, 복음성가에도 "아멘"을 붙인 것 등은 잘못이라고 생각한다. 그러므로 찬송가에 관심있는 신도들이나 찬송가를 연구하는 사람들은 앞으로 깊이 연구해야 할 문제이다.

참고문헌

참고문헌

Albert E. Bailey, *The Gospel In Hymns*, Charles Scribner's Sons, New York, 1950.

Donald P. Hustad, *Hymnus For The Living Church*, Hope Publishing Comapny, 1978.

R.G. McCutchan, *Our Hymnody*, Abingdon Press, 1937.

Harry Eskew ; Hugh T. McElrath, *Sing With Understanding*, Broadman Press, 1980.

S. Paul Schilling, *The Faith We Sing*, The Westminster Press, 1983.

Fred D. Gealy, *Companion To The Hymnal*, Abingdon Press, 1982.

Kenneth W. Osbeck, *101 Hymn Stories*, Kregel Publications, I-II 1982.

Frank Colquhoun, *A Hymn Companion*, Morehouse-Barlow co., Inc. 1985.

John Julian, *Dictionary of Hymnology*, Kregel Publications, 1907.

李萬烈,『韓國基督教文化運動史』大韓基督教出版社, 1987.

윤춘병, "한국 찬송가 100년사",『한구찬송가대전집』한국교회음악출판위원회, 1984.

- 도서목록 -

명성가 찬양 1집~5집	정가 13000원
쉬운성가찬양 1집~4집	정가 13000원
복음성가찬양 1집~4집	정가 13000원
찬송가편곡집 1집~4집	정가 13000원
명여성성가1집~6집	정가 13000원
찬양찬양찬양 1집~4집	정가 13000원
남성성가 1집~2집	정가 13000원
흑인영가 1집	정가 12000원
송영 1집	정가 9000원
율동곡집 1집~4집	정가 15000원
독창곡집 1집~2집	정가 15000원
찬송가 피아노 1집~2집	정가 15000원
실용성가합창 (황의구편)	정가 12000원
찬송가편곡집 (이남근편)	정가 13000원
시편성가 (김대권편)	정가 10000원
교회음악사 (이귀자역)	정가 15000원
합창지휘법 (최훈차)	정가 15000원
예배반주법 (임창호)	정가 15000원
크리스마스칸타타 4종	정가 5000원~
크리스마스칸타타 2종	정가 6000원
미사글로리아 (로시니)	정가 14000원
D장조미사 (드보르작)	정가 11000원
나의 힘이 되신 여호와여	정가 13000원
감람산의 그리스도 (베토벤)	정가 11000원

⊙ 교회음악 발달사

⊙ 발행일: 2018년 2월 20일
⊙ 발행인: 김창현
⊙ 저　자: 주정식
⊙ 발행처: 도서출판 교회음악
⊙ 등　록: 제300-2009-75호 (2009. 06. 29.)
⊙ 주　소: 서울시 종로구 신문로2가 36-1
⊙ 전　화: 02-736-6110
　　　　　02-720-7449
　　　　　010-3782-8521
⊙ 정　가: 11,000원

※ 본서의 전부 혹은 일부를 서면인가
　 없이는 복사할 수 없습니다.

총판 : 생명의 말씀사
　　　 Tel 02-3159-7979
　　　 FAX 080-022-8585